寻味苏州

郑婷 著

北京出版集团公司
北 京 出 版 社

图书在版编目（CIP）数据

寻味苏州 / 郑婷著. — 北京 ：北京出版社，2019.9
ISBN 978-7-200-15079-7

Ⅰ. ①寻… Ⅱ. ①郑… Ⅲ. ①旅游指南 — 苏州②饮食 — 文化— 苏州 Ⅳ. ①K928.953.3 ② TS971.202.533

中国版本图书馆 CIP 数据核字（2019）第 151173 号

寻味苏州
XUNWEI SUZHOU
郑婷 著

*

北京出版集团公司
北京出版社
出版

（北京北三环中路 6 号）
邮政编码：100120

网址：www.bph.com.cn
北京出版集团公司总发行
新华书店经销
三河市嘉科万达彩色印刷有限公司印刷

*

880 毫米 ×1230 毫米 32 开本 6 印张 196 千字
2019 年 9 月第 1 版 2019 年 9 月第 1 次印刷

ISBN 978-7-200-15079-7

定价：49.80 元

前言

提到江南水乡，总能给人以温柔婉约之感，这里的生活应该像一条静静流淌的小河，很少有那种热血满满的激动，更罕见激情澎湃的心灵碰撞。在这里生活的人们好像面对一切都能从容淡定、宠辱不惊，仿佛他们不想打破那现世的安稳和岁月的静好。

但是有一样东西可以让苏州人抛却日常的平淡，焕发出一种别样的风采，那就是美食。

苏州古称吴地，这里的人们爱吃、善吃也懂吃。这种刻进骨子里的性格和“鱼米之乡”的环境是分不开的。这里河道曲折复杂，湖泊众多，山清水秀，四季分明，盛产各种新鲜美味的食材，物产极为丰富。大概正是因为这样，吴地人才会对饮食有如此精益求精的追求，延续至今便有了如今博大精深的苏菜菜系。

说起苏帮菜，不少人对它的印象还停留在一个“甜”字上，其实，苏帮菜的特点远不是一种味道可以形容的。

苏帮菜从选材、做工到摆盘都十分讲究，几乎每一个步骤都精益求精，以给食客带来色、香、味多方面的享受为主旨，尽量使菜品接近完美，可以说是一种重时令、尚新鲜、重刀工、重火候、口味繁复、崇尚精巧的菜系。

身处苏州城中，你还会发现不同的城区为你带来的美食体验也各不相同。百年以上的老字号多集中在过去的金阊区、平江区和相城区，如今三区已经合并为姑苏区，但美食和老店没有合并，仍然保持着它们各自不同的特色。位于太湖之滨的吴中区盛产水产品，各种时鲜美食尝不尽。虎丘区里新旧思想碰撞，各种新派老派饮食可谓轮番登场。不论你是怀揣着对老姑苏的神往，还是渴望一尝新奇的味道，都能在这里找到你喜爱的美食。

在苏帮菜的众多特点中，重时令绝对是最重要的一个特点。苏州人烹饪讲求合时令。一年中的每个特定时令都有特定的食材，在老苏州人眼里这是不可逾越的规矩，只有这样才能在食材最新鲜的时候品尝到其精华，所以苏州老话说“春尝头鲜，夏吃清淡，秋品风味，冬讲滋补”。就连一碗普通的面，也有季节的限定，也许你到的时候晚了些，这美味真的就与你擦肩而过了，没有半分情面可讲。

苏帮菜的滋味也是人们深爱它的原因。很多人觉得苏帮菜偏甜，那是因为糖在苏帮菜里是用来提鲜的，肉类的菜肴更加离不开糖的滋味。除了对甜味的运用，苏州人还善烹河鲜，如虾子等。水系发达的吴地人把水中的活鲜做出了千百种味道，想必其中总有一道能满足你对苏州美食的所有渴望。

当你荡舟在苏州的狭窄河道之上，听着驾娘那悠远的苏州小调，欣赏着老苏州河道两岸古色古香的老城，那江南的味道就氤氲开来，带你进入遥远的水乡之梦。

目录

CONTENTS

吴中区
美味跟随着时代而改变/79

相城区
一方水土孕育一方美食/107

吴江区
悠悠旧街的江南佳肴/125

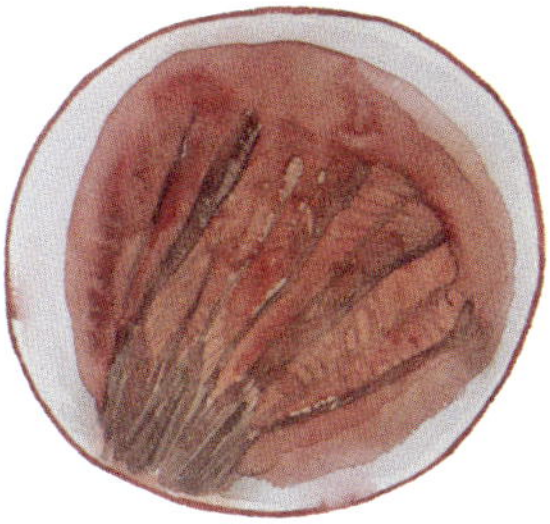

工业园区
感悟美味的每一个瞬间/153

虎丘区
在苏帮菜中领悟四季更迭/183

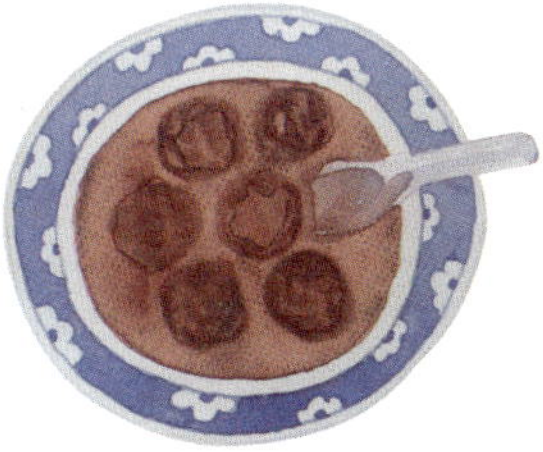

行前必知

【苏州印象】

苏州，又称吴、苏、姑苏，是著名的风景旅游城市，也是吴文化的发祥地，有2500多年的历史。苏州园林被联合国教科文组织列为世界文化遗产，是中国私家园林的代表。

【地理】

苏州位于长江三角洲中部、江苏省南部，东临上海，南接浙江，西抱太湖，北依长江。全市地势低平，低山丘陵零星散布，古城区小河密布，有太湖、漕湖、阳澄湖、金鸡湖等湖泊，长江及京杭运河从市区北面流过。因城内河流遍布，苏州又有“水城”“水乡”之称，在《马可·波罗游记》中被称为“东方威尼斯”。

【气候】

苏州属亚热带季风海洋性气候，四季分明，气候温和，雨量充沛，土地肥沃，物产丰富，自然条件优越，十分适宜人类居住。

【历史】

苏州是历史文化名城。公元前514年，吴王阖闾始建苏州城，并定为吴国都城。几千年来，苏州的格局基本没变，一直保持着“水陆并行、河街相邻”的格局，挪步之处，随处可见小桥流水和史迹名园。中华人民共和国成立后，苏州经过历次行政区划改革，逐渐发展为长三角区域重要的城市。

【民族与宗教】

苏州市常住人口已过千万，以汉族为主，散居一些少数民族。

苏州有信仰佛教、道教、伊斯兰教、基督教等宗教的居民。

【文化与艺术】

苏州文化艺术十分发达，全市累计有6个项目列入联合国《人类非物质文化遗产代表作名录》，平江、山塘历史街区分别被评为“中国历史文化名街”和“中国最受欢迎的旅游历史文化名街”。

曲艺方面，苏州是昆剧和苏剧的故乡。昆剧兴起于元末明初，起初产生在苏州的昆山、太仓一带，明清时期逐渐兴盛，涌现了一大批优秀的演员和著名作家，代表作有《牡丹亭》《窦娥冤》等。昆剧也是中国首个世界非物质文化遗产。

苏州民俗有自己的特点。农历六月初六，苏州有晒书的传统习俗。农历七月初七乞巧节，苏州民间会制作巧果作为供品。

【美食】

苏州是我国东部饮食文化中心，苏式饮食文化是我国三大饮食文化之一。

苏州小吃是“中国四大小吃”之一（南京夫子庙小吃、上海城隍庙小吃、苏州玄妙观小吃和湖南长沙火宫殿小吃并称为“中国四大小吃”）。苏式蜜饯驰名天下，有160多个品种，以金丝蜜枣、奶油话梅、金丝金橘、白糖杨梅、九制陈皮最为著名。

必游景点 TOP10

【拙政园】

拙政园位于苏州市东北街178号，始建于明正德初年（1506年），是江南古典园林的代表，被誉为“中国四大名园”之一。

拙政园具有浓郁的江南水乡特色，园内的苏州园林博物馆是国内唯一的园林专题博物馆。

【留园】

留园位于留园路338号，是中国大型古典私家园林的代表。园内建筑布置精巧，奇石众多。留园的建筑艺术十分精湛，厅堂华丽，庭院变化多端，空间布置得十分巧妙，是建筑空间艺术的典范。

【金鸡湖】

金鸡湖景区位于苏州工业园区，是中国最大的城市湖泊公园之一，总面积11.5平方千米，是国内极少数免费对外开放的国家AAAAA级旅游景区之一。

【周庄古镇】

周庄古镇位于苏州城的东南部，是首批国家AAAAA级旅游景区。周庄四面环水，河道呈“井”字形，镇上还保留有建于元、明、清时代的14座古代石桥。代表景点有沈厅、富安桥等。

【同里古镇】

同里古镇位于苏州市吴江区太湖旁，已有1000余年历史。镇内花园、寺观、房屋（含名人故居）众多，大多建于明清两代。镇内有15条小河，把古镇隔成7个小岛，连接这些小岛的是49座古桥。

【虎丘山】

虎丘山风景名胜区位于苏州古城西北角，有2500多年的历史，有“吴中第一名胜”“吴中第一山”的美誉。苏东坡曾写下“到苏州不游虎丘，乃憾事也”的千古名言。虎丘山并不高，却有“江左丘壑之表”的美誉，有“三绝九宜十八景”，气象万千，美不胜收。

【沙家浜·虞山尚湖旅游区】

沙家浜·虞山尚湖旅游区位于常熟市境内，这里湿地遍布，栖息各种鸟类，是中国著名的生态旅游湖泊。虞山因吴地先祖虞仲葬于此处而得名。沙家浜更是以革命京剧《沙家浜》闻名，是革命传统教育区。

【吴中太湖旅游区】

吴中太湖旅游区位于苏州西南，是国内首个以太湖为主线的AAAAA级景区。这里有“中国碧螺春之乡”东山景区、“天下第一智慧山”穹窿山景区、“苏州最美的山村”旺山景区，以及太湖湖滨国家湿地公园。

【寒山寺】

寒山寺位于苏州市姑苏区，历史上曾是“中国十大名寺”之一。寺内古迹甚多，有藏金阁、诗碑等。寒山寺的钟声闻名天下，每年元旦或除夕，寺内都会举办敲钟仪式。

【平江历史街区】

平江历史街区位于苏州古城东北，是苏州迄今保存最完整、规模最大的历史街区，堪称苏州古城的缩影，基本保留了古代城市的景观风貌。

人气美食 TOP10

【响油鳝糊】

黄鳝在苏州非常受欢迎。民谚有“端午黄鳝赛人参”的说法，尤其是六七月份的黄鳝，味道更加鲜美。苏州以黄鳝为原料的菜肴很多，常见的有响油鳝糊、生炒鳝片、爆鳝丝、刺毛鳝筒等，其中响油鳝糊最有名。

【鲃肺汤】

鲃肺汤是苏州的传统名菜，汤中所用鲃鱼是太湖的特产，当地俗称“泡泡鱼”。鲃鱼细嫩鲜美但季节性很强，每年8—10月上市，必须活鱼取肝，因而此菜只在吴中一带才有。

【碧螺虾仁】

碧螺虾仁是一道具有浓厚地方特色的名菜，由清炒虾仁改良而来，原料用到了碧螺春茶。白色的虾仁如美玉，绿色的茶叶点缀其间，入口带有清新的茶香，鲜嫩中透着点甘甜。茶叶既作为虾仁的配色，又可清口。

【三鲜锅巴】

江南人爱吃米饭，自然不缺锅巴。锅巴本是寻常的小吃，但苏州的三鲜锅巴却因做法奇特、吃的时候气场强大而让人难以忘怀。

【蜜汁火方】

蜜汁火方是一道名扬中外的江浙名菜。它主要由金华火腿制成，色泽火红，卤汁呈蜜色透明状，火腿入口十分酥烂，味道鲜甜，具有开胃、健脾等功效。

【银鱼莼菜汤】

银鱼莼菜汤是苏州大饭店里常见的一道汤食。此菜以银鱼和莼菜入汤，口感顺滑，有清口滋补之功效，是许多苏州人的心头好。

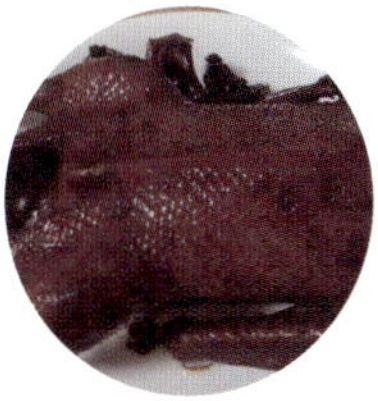

【苏州卤鸭】

苏州卤鸭是苏州颇负盛名的一道冷菜。苏州旧时民间有六七月“火神素”“接雷素”的习俗，在开始素食前，往往要吃卤鸭面“封斋”，年复一年，相沿成俗。因此，卤鸭是老苏州饮食文化中一个不可或缺的存在。

【松鼠桂鱼】

松鼠桂鱼是苏州的一道汉族传统名肴。其形似松鼠，外脆里嫩，呈艳丽的橘黄色。将热气腾腾的卤汁淋在上面，它就“吱吱”地叫唤起来，像一只活泼好动的松鼠。这道菜酸甜适口，具有开胃之功效。

【八宝鸭】

八宝鸭的外观金黄诱人，名字意头吉利，在各大饭店和一些宴席上经常能见到。

八宝鸭主料为麻鸭，鸭肚中放入八种配菜进行蒸制，味道鲜香浓郁。出锅以后，再浇上用蒸鸭时留下的原卤所调制的虾仁和青豆，风味更加独特。

【蟹粉狮子头】

蟹粉狮子头是苏州名菜，也是淮扬菜系的代表。这道菜的重点在于选料、刀工、火候。其特点是肥而不腻、入口即化、蟹粉鲜香、回味不绝。

行住玩购样样通 >>>>>

行在苏州

如何到达

飞机

苏州境内没有民用机场。距离苏州市区较近的是苏南硕放国际机场、上海虹桥国际机场。

苏南硕放国际机场位于无锡市新吴区，距离苏州市区仅20千米，苏州市区会议中心旁边已经开通了候机大厅，十分方便。

上海虹桥国际机场到苏州不到100千米，出行非常方便。从虹桥机场可以步行或乘坐地铁前往虹桥火车站，再乘坐高铁前往苏州，全程仅需30分钟左右。

火车

苏州的火车站较多，有苏州站、苏州北站、苏州园区站、苏州新区站等。

苏州站毗邻苏州汽车北站，是苏州较早的重要交通枢纽。

苏州北站位于苏州市西北，是京沪高速铁路的一个车站，与苏州轨道交通2号线连通，旅客可以在高铁和轨道交通之间转乘。

苏州园区站，即沪宁城铁园区站，位于中新苏州工业园区至和西路。

苏州新区站位于苏州新区，主要发售沪宁高铁车票。

市内交通

地铁

苏州目前有4条地铁线路，分别为1号线、2号线、4号线、4号线支线。

有轨电车

目前，苏州通车的有轨电车为1号线和2号线。其他线路在规划或建设中。

公交

苏州城区内公交线路四通八达，普通车单一票价为1元，空调车单一票价为2元，多为无人售票车。

出租车

苏州出租车很方便，招手即停。桑塔纳、帕萨特起步价均为13元。

住在苏州

苏州香雪海饭店

地址　姑苏区胥江路 271 号
电话　0512-68228888
价格　299 元起

苏州香雪海饭店位于胥江路上，地理位置非常优越，闹中取静，旁边是美丽的古运河。香雪海饭店是一个综合性饭店，集餐饮、客房、休闲娱乐于一体，距苏州著名商业街观前街和石路商圈仅2千米路程。从地铁2号线胥江路站3号出口步行5分钟即可到达饭店。

苏州相城辅特戴斯酒店

地址　相城区人民路 4555 号繁花购物中心 B 座
电话　0512-81883999
价格　338 元起

苏州相城辅特戴斯酒店位于苏州相城繁花购物中心。繁花购物中心靠近人民路万达广场，是一个集酒店、休闲、购物、娱乐、美食于一体的综合商业区。酒店交通便利，距离沪宁高速西互通出口仅10分钟车程，近地铁4号线孙武纪念园站（2A出口），周边景点众多，有虎丘、拙政园、山塘街、苏州动物园等景区。

和颐酒店（苏州东大街三元坊地铁站店）

地址　姑苏区东大街 459 号
电话　0512-68859999
价格　350 元起

和颐酒店（苏州东大街三元坊地铁站店）位于姑苏区中心地段，距离著名步行街观前街约10分钟路程，距离平江路、狮子林、拙政园、山塘街等约15分钟路程。酒店建筑秉承苏州传统的粉墙黛瓦的风格，亭、台、楼、阁、泉、石、花、木巧妙结合，透着浓浓的江南风。酒店内有停车场，门口公交方便，可直达寒山寺、山塘街等著名景点。

玩在苏州

寒山寺

地址　高新区寒山寺弄24号
电话　0512-65336634
门票　20元

寒山寺最早建于南朝梁天监年间，最初叫作“妙利普明塔院”。唐代贞观年间，寒山、拾得两位高僧在此创建了寒山寺，属于禅宗中的临济宗。宋朝时，寺名曾重新改为“普明禅院”，但人们仍习惯称它为“寒山寺”。从元末至清末，寒山寺曾5次惨遭洗劫，但事后总能复建，如今的建筑是清代光绪年间重建的。

如今，寒山寺殿宇主要有大雄宝殿、藏经楼、钟楼、碑廊等，大多为清代建筑。寒山寺山门前面，有一座古老的石拱桥，名叫“江村桥”，桥堍与山门之间有垛黄墙，称为“照壁”。山门两旁有两株古樟。黄墙内有不少古典楼阁，如枫江楼、霜钟楼等，都源于著名的诗《枫桥夜泊》。

周庄古镇

地址　昆山市周庄镇西南隅（吴江、吴县、上海青浦县交界）
电话　0512-57217206/57211699
门票　日票100元；夜票80元（16:00—21:00）

周庄古镇四面环水，是典型的江南水乡，有“因河成镇，依水成街，以街为市”之说。

周庄的魅力在于悠久的历史和漫长的文化积淀，“井”字形河道上保存着完好的古代石桥，河边是明清风貌的民居建筑。其中，沈厅、张厅、全福寺、叶楚伧故居等名胜古迹声名在外，具有极高的文化和观赏价值。

中国刺绣艺术馆

地址　高新区镇湖街道绣馆街1号
电话　0512-66800528
门票　30元

中国刺绣艺术馆是目前国内规模最大的专业性刺绣展馆。艺术馆的建筑风格为江南民居与苏州园林相结合，建筑外观古色古香，内部陈设别具一格，庭院内又有水池假山、亭台楼阁，与艺术馆主体建筑相得益彰。艺术馆不只展示苏州的刺绣，还有全国各地的传统刺绣工艺。场馆内设全国四大名绣展厅、名人刺绣作品展厅、绣史馆、刺绣研发中心等多个区域。

购在苏州

苏绣

店铺　乾泰祥
电话　0512-67704960

苏州刺绣闻名于天下。苏绣历史悠久，产生于2000多年前的春秋时代，与湖南的湘绣、广东的粤绣、四川的蜀绣一起并称为“中国四大名绣”。苏绣题材多以山水、人物、动物、花鸟为主，品种多为绣片、册面、屏风、屏条等。

在苏州的许多商店里都可以买到苏绣，较好的去处是苏州镇湖。镇湖被公认为苏绣的发源地，被称为“刺绣艺术之乡”。镇上有绣品街，各种档次的绣品都能找到。

碧螺春

店铺　三万昌
电话　0512-65219867

碧螺春属于绿茶，产于苏州市太湖洞庭山，是“中国十大名茶”之一。洞庭山空气湿润，雾气悠悠，土壤质地松软，极适宜茶树生长。在这里，茶树与果树间种，所以出产的碧螺春茶叶自带一股特殊的花果香味。传说清康熙皇帝南巡时曾路过苏州，品茶后大加赞赏，因其颜色碧绿，卷曲成螺而赐名“碧螺春”，并定其为贡品。碧螺春在超市和一般的茶叶店铺都可买到。如果有兴趣，还可以到当地的茶农那里体验赏茶、品茶的乐趣。

姑苏区

秦淮河畔的馥郁氤氲

千年古城中的姑苏区，蕴含着各种繁复的滋味，或甜美醉人，或醇香绵软，或清新淡雅。老城的岁月虽说悠长，可其中的风味却不减半分风采。

采芝斋（观前街店）

地址　姑苏区观前街 91 号

电话　0512-67276198

蜜汁豆腐干

佐粥下酒两相宜

豆腐干又称豆干，是中国传统美食。各地区都有自己极富特色的豆腐干种类，有些香味扑鼻，有些咸鲜适口，而苏州的蜜汁豆腐干则以它的味道厚重、绵密甘甜广为人们喜爱。

蜜汁豆腐干是苏州众多别具风味小吃中的一种。记得小时候，妈妈常去苏州出差，每次总会捎回几盒豆腐干给大家解馋。那时，乘坐绿皮火车的乘客若是路过苏州，也多半会从抬起的车窗探出头，从站台的手推车那里买上几盒豆腐干回去赠送亲朋。

如今，苏州街头大小店铺里几乎都能买到蜜汁豆腐干，但是最正宗的，还得数苏州观前街的采芝斋，这家老店的蜜汁豆腐干名气大，口味也是最醇厚的。

说到采芝斋这家百年老店，还有一段传说。据说在清朝光绪年间，慈禧太后染病，于是苏州织造局便选派了当地的名医曹沧洲进京为慈禧诊脉。由于药汤苦涩，曹沧洲便把身上带着的采芝斋的贝母糖奉给太后，用来助药。

此糖味道甘美，慈禧的病也随即好转。从此，贝母糖就被列为“贡糖”，采芝斋也名声大起。

如今，走过了100多年的采芝斋仍是苏州最负盛名的店之一，位于观前街上的老店更是吸引了无数的顾客光顾。而他家的蜜汁豆腐干享誉整个苏州城，许多远道而来的游客会专门踏足采芝斋，一尝他家的豆腐干，品味其中的咸鲜甘甜。

现在，采芝斋不仅有观前街店，在游人如织的山塘街也开有分号，里面也是人头攒动，生意十分兴盛，去那儿的游客多半会购买他家的粽子糖和蜜汁豆腐干。

除了采芝斋的豆腐干，苏州的“津津豆腐干”也是声名远播，苏州街头的许多小店或超市里都有这个牌子的豆腐干售卖，买上几盒回去赠送亲友，也是不错的选择。

蜜汁豆腐干这种小食过去在苏南地区是极好的下酒佐菜。备上一小碟豆腐干，家境好些的再配一点五香花生豆，热上一壶女儿红，便可以享受一个下午了。

当然，这种甜蜜的小食也是孩子们的最爱，许多孩子还没等开饭，就已经吃掉半盘子豆腐干了。

如今，在店里买上一袋蜜汁豆腐干，用一根牙签，边走边享受它的美味，感受着苏州老城午后的闲适，咀嚼着那无比甘甜咸香的豆腐干，便品味到了苏州精髓。

同得兴（嘉馀坊店）

地址　姑苏区嘉馀坊6号（近人民路）

电话　0512-65113808

枫镇大面

精雕细琢的鲜美之味

初秋时节，人在苏州，如果不去品尝一下枫镇大面，那可真是一件遗憾的事情。

枫镇大面历史悠久，据传已有200多年历史。这种面汤头色白，不同于一般的红汤面，但它的味道非常鲜美厚重，一点也不输于红汤面的口感。

关于这白色汤头，还有一个传说。相传，清乾隆年间，在枫桥集镇上有一位开红汤面馆的老板，姓张，面馆的生意很一般。有一天，这位姓张的店主出门去买做面的调料，半路上看到一位中年妇女泪流满面，正在哭诉她给父亲买药的钱被小偷偷去了。周围看热闹的人很多，却没有人出手相助，只有这位店主心慈，当时就把买调料的钱都给了这位妇女。结果，这位店主回到店里以后才想起做面的调料没有买，心里烦闷，便喝酒浇愁。他喝酒的时候，炉子上还吊着高汤，结果他喝得太多，头昏昏沉沉的，一不小心把剩下的残酒都洒进了煮汤的锅里，然后就去睡了。翌日清早，这位店主起来一看，这才发现灶上的汤头里没加酱油之类的调料，心想坏了，但是仔细一闻，那白焖的肉竟然也香气扑鼻，心下十分窃喜。这后面几日他便卖起了白汤面，没想到食客吃了都赞不绝口，一时间他家的白汤面名声就大了起来。有一次，乾隆皇帝下江南游历到苏州，从寒山寺出来后路过枫桥，走在路上闻到一股扑鼻的肉香，就循着味儿找到了这位张姓店主的面店，进店后点了一碗白汤面，一尝便大赞好吃，后来给这个面赐名为“枫镇白汤大肉面”。自此，枫镇大面便声名远播，为世人所熟知。

这枫镇大面看起来简单朴实，其实做法十分烦琐和精细，被称为苏州“最难做、最精细、最鲜美”的面食。据说汤头里的五花肉从选料上十分讲究，必须要用最优质的猪肉，还要经过拔毛、清洗等一系列步骤，配上作料在火上焖四五个钟头才能起锅。而汤头则用肉骨、黄鳝骨、螺蛳肉、虾脑等许多鲜物久煮而成，其味道鲜美异常，焖肉又入口即化，所以这个面根本不需要用酱油调味。一碗枫镇大面端上来，那细细的面就沉在清澈的汤汁里，扑鼻的肉香真真令人沉醉，尝一口，那滋味真的和红汤面完全不同，别具一番风味。

在苏州，吃枫镇大面的最佳去处是同得兴。同得兴的面据说是“苏州最好吃的面”，而其真正出名是因为《舌尖上的中国第二季》的播出。在播出之后的一段时间，据说同得兴面馆差点儿瘫痪。我本是懒于凑热闹的，可是实在禁不住那白汤面的诱惑，还是来到了这家面馆。这里的装修古色古香，还没到饭点儿，店里的桌子已经快满了，还好一楼有个空座，于是我赶紧坐下了。我的目标很明确，只为枫镇大面而来，所以就点了面。看了看，周围大半食客面前也都是一碗面，有的搭了些小菜，有的汤头里有鸭腿，估计是店家为了丰富种类研制的。我只坐着等了一会儿，面就来了。那扑鼻的浓香确实让人胃口大开，汤、焖肉、细面，一口气吃下去，那种满足的感觉真是让人终生难忘！

松鹤楼（观前街店）

地址 姑苏区太监弄72号

电话 0512-67272285

响油鳝糊

咸鲜肥美的江南名肴

说到苏帮菜的代表作，就不能不提响油鳝糊这道经典菜品。

很多吃过这道菜的人觉得它太过油腻，也有吃过的人觉得其滋味妙不可言，但是不管个人的感觉如何，响油鳝糊在苏帮菜里的地位都是不可撼动的。

传说鳝糊的做法最早源于安徽。安徽多山地，水资源丰富，鱼类众多，黄鳝也是其中的一种。但是，受人们喜爱的是一种只有普通人手指粗细的细鳝鱼，因为这么大的鳝鱼肉质嫩，做菜时容易入味，人们常在山野河塘里捞这样的鳝鱼回家烧着吃。

尽管苏州鳝鱼的做法有可能传自安徽，但是将这种鱼的做法经典化的却是苏州人，苏州人对待菜品的精细使得这道菜名声远播。许多去苏州尝过当地美食的人都对苏州人做菜的精细印象深刻。就比如这道响油鳝糊，它需要的不是整条鳝鱼，而是鳝丝。处理鳝丝的过程十分烦琐。新鲜的鳝鱼杀好洗净之后，要先放入锅中煮透，然后倒掉开水，再一手捏紧鳝鱼尾巴，一手以牙签轻划鳝鱼肉，以此获得鳝丝。这个步骤看似简单，可是没有经验想完成也不是件易事。在苏州一些名震天下的大酒店里，后厨一日不知要划出多少条鳝丝，但每条鳝丝都是完整的，其功夫之深可见一斑。

端午前后正是食黄鳝的好时节，苏州人认为此时的黄鳝肉厚质嫩，吃起来异常鲜美，又极富营养，所以有“端午黄鳝赛人参”的说法。

苏州人并不吃蛇，但是鳝鱼这种外形似蛇的鱼类，河道水滩，乃至田间沟边，到处皆可寻到，成为桌上佳肴也并不奇怪。苏州菜中以黄鳝为原料的不少，像刺毛鳝筒、生炒鳝片、爆鳝丝、响油鳝糊等。而响油鳝糊的名气就是出在“响油”这两个字上。

在苏州一些著名的菜馆里，这道菜被“翻牌子”的概率很高，远近的游客到了店里差不多都要点一份响油鳝糊，于是你就会发现在大堂里常有一位师傅提着个油壶走来走去。每当这道菜上桌，这位师傅就会从厨房提来滚烫的油浇在菜上，那刺啦作响的热闹十分感染人。

有一年，我在苏州出差，来到苏州有名的松鹤楼，就想尝一尝这著名的响油鳝糊。那鳝丝一端上来，就散发出一股清香。洁白的盘子上码放着一堆鳝丝，上面还点缀着绿色的香菜叶，盘子边上有一小撮嫩黄嫩黄的姜丝，和鳝丝的搭配非常适宜。就在我忙着欣赏这盘鳝丝的时候，一位衣着很干净的师傅走了过来，他端起油壶，说了声“小心烫着”后就把热油浇了上去，那“刺啦”一声爆响，听起来真是别有一番趣味。

没吃过响油鳝糊的人可能会以为热油只要浇在菜上就可以了。其实，热油端上来，先浇的是鳝丝，然后再浇放在盘子一边的姜丝。而且这道菜讲究以蒜入味，因为鳝鱼乃河鲜，鲜味浓郁之余，难免会有腥气，最好的烹制方法就是加蒜末，再以热油浇淋。那股蒜香充斥鼻腔，再品上一口滑嫩的鳝丝，真是一种无法比拟的享受。

潘记藏书羊肉

地址 姑苏区山塘街 9 号

电话 15995865480

藏书羊肉

西风起，羊肉香

有一年冬天去苏州，在七里山塘附近的街上，发现走几步就有一家藏书羊肉店，之前听说苏州的藏书羊肉很有名，可没想会如此受欢迎。

对于苏州人来说，冬天里的羊肉绝对是上等的美味。可以想象在潮湿阴冷的江南冬日里，一碗热腾腾的羊肉汤能带给苏州人多少温暖！所以许多苏州人吃下一碗羊肉汤面，觉得真是从头暖到了脚。

苏州著名的山塘街本是游客云集之地，在我眼里这种地方本地人是不肯来的，那里的许多门面也大半是为了迎合游客而特意开的。但是在这条街的街口处，有一家很不起眼的小小藏书羊肉店，店面缩在街道里面，门前用油布撑起了一片略可挡风遮雨的空地，屋里和檐下都摆着四方桌子和方凳，桌椅已经有些年头了，除了偶尔过来的游客，许多操着纯正苏州话的当地人在这里坦然地吃着羊肉汤或者羊肉面。而店家就更有意思了，对不知怎么吃这藏书羊肉的游客招呼得并不热情，反而对那些本地的老顾客殷勤周到，在忙着手中的活计时都不忘与他们攀谈几句，弄得我心里纳闷儿，在这条满是游客的街面上，这家小店是怎么存活至今的？

坐下吃完一碗香气四溢的羊肉面之后，答案终于有了。那浓白的羊肉汤清鲜醇厚，细细的面条被团成一团整齐地码放在汤里，汤面上漂着青翠的青蒜叶和香菜叶，厚厚的粗瓷碗配上这洁白的面汤，真是一场视觉和味觉盛宴。尝一口汤，鲜香无比；吃一口面，爽滑筋道。随着面吃完、汤见底，一身薄汗出来，感觉一身的寒凉之气都被羊肉汤的热度逼了出去，那种畅快感不品尝根本想象不出来。

就是这一次难忘的经历，让我从此爱上了藏书羊肉的味道，也对它的渊源产生了极大的兴趣。

据说，苏州有两种羊肉十分有名，一种是以北方山羊为主料的藏书羊肉，另一种是以当地绵羊为主料的东山羊肉。

藏书羊肉现在做得非常大，名气远超过了东山羊肉，大大小小的店开在街头巷尾，都是一块块活字招牌。

第一次看到“藏书羊肉”这四个字的时候，相信很多人都和我一样，最先想的是：藏书跟羊肉有什么关系？

原来，藏书羊肉产自苏州市的藏书镇，这个镇当年以羊肉做得鲜美著称。他们烧煮羊肉的方法比较特别，讲究活羊当日现杀现做，当日做当日卖完。其肉香汤鲜、味美可口、营养丰富，是冬令进补佳品，深受人们喜爱。

藏书镇的羊肉最早是农民秋收后劳累体乏，用来进补的食品，有时也是农家宴请亲朋好友的菜肴。因味道极佳，也深得城里人的青睐，渐渐城里有了藏书羊肉店。

藏书羊肉一般以活杀的山羊为原料，有白烧羊肉、羊肉汤、羊糕和红烧羊肉等30多个菜品，有冷盘、热炒、烧烤、汤点等不同做法。据说，藏书镇当地人可以用羊肉做出四五十种菜肴，组成“全羊宴”，所用的方法有红烧、脆皮、爆炒、烧烤……不一而足。

藏书镇除了有美味的羊肉，还有一些有趣的传说。据说在西汉年间，会稽吴（今藏书镇境内）人朱买臣出身十分贫寒，每天靠上山砍柴卖薪度日。但是这个朱买臣很爱读书，即使挑着柴火走在阡陌之间也不忘读诗文，总是边走边摇头晃脑地诵吟着，因此常遭到村民的笑话和奚落。

妻子多次劝告他不要惹人嘲笑，可朱买臣还是我行我素，丝毫没有改变。妻子终于忍无可忍，要朱买臣把自己休了。朱买臣便劝慰妻子，别看我现在很落魄，50岁时我一定会做官的，那时一定让你享尽世间的荣华富贵。不过，几年过去，朱买臣的妻子见他还是“积习”难改，家中仍然四壁徒然，做官根本无望，便离他而去，另嫁了他人。结果，朱买臣50岁那年，在同乡严助的引荐下，被汉武帝所器重，任命为中大夫。后来，他在平定东越之乱中献计成功，立下了功勋，被任命为会稽郡的太守。朱买臣衣锦还乡，在进入吴县时，看到了前妻，便把前妻夫妻两人安排在他府衙的后院住，还每天供给饭食。一个月以后，他前妻不知什么原因上吊自杀了。因为有感于朱买臣贫贱不移而苦读终成的故事，有人便专门修了一座藏书庙，一来以示纪念，二来以激励后学。藏书镇也由此而得名。

现在，想吃藏书羊肉很容易，苏州街头随处可见藏书羊肉店。也不必非找那些大店，只要是西风吹来的时候，坐满了食客的小店就可以。进去试试，那滋味不会让你失望！

采芝斋（观前街店）

地址　姑苏区观前街 91 号
电话　0512-67276198

粽子糖

清甜惹人爱的四角小『粽子』

小时候家里的糖总是丢在一个铁皮糖盒子里，我是不爱吃糖的，很少去动它。有小朋友来家里，妈妈才会拿出糖盒请小朋友吃。那个时候，除了我，小朋友们都因为有糖吃而很开心，只有我有些不解地看着他们，不知道一块糖有什么好吃的。

无法品尝出糖的美味后来成了我的一个小小的心结，直到有一天，我寻到了“解药”。

那天阴雨绵绵，观前街上人不多。当雨开始下大了的时候，我觉得有必要找个地方躲躲雨了，于是低着头看也不看就钻进了街边的一家店。一进门，发现里面挺热闹，人们围着柜台忙着挑选东西，都是一副很有兴致的样子，看起来不像是仅仅为了躲雨而随便进来逛逛的样子。这里卖的是什么好东西？我心生好奇，也凑上前去，发现竟然是一堆一堆的糖果，四下看了看，才发现自己正在苏州大名鼎鼎的采芝斋。

雨中的采芝斋店里弥漫着一股江南微雨时清凉的水汽的味道，其中还有一丝甜甜的糖果香气萦绕其间。柜台里那堆得高高的糖果里，有粽子糖、贝母糖等，种类繁多。可能受到了周围游客的感染，我想也没想就买了几种，这时外面的雨已经停了，我一脚踏出店门，顺手剥了一颗糖丢进嘴里。小小的糖块刚进嘴里，那股清甜的味道就在口腔里四散开来，而且还带着点甘润。随着糖的融化，包在坚硬的糖块里的松仁也钻了出来，轻轻咬开，果香满口。心里感叹，没想到一场雨中与糖果的偶遇，竟然一下子化解了我多年来对糖果的心结，真是一个相当意外的收获！

后来在路上，我把买来的几种糖果吃了个遍。雨后的观前街清爽而干净，游人也不多，我嘴里含着甜蜜的糖果，哼着前一天听到的苏州小调，悠闲地逛着街，真是无比惬意！

能做出这样好吃的糖果，采芝斋到底是一家怎样的百年老店呢？我对它产生了极大的兴趣。

原来，采芝斋的前身只是一个卖糖的小摊子。据说在清朝同治年间，有一个河南的小贩叫金荫芝，他和妻子谢氏在当时观前街上的吴世兴茶叶店门口摆摊子卖糖。那时这对夫妻就卖一种像小粽子一样的四角糖，人们管这种糖叫粽子糖。他们每天当街熬糖、剪糖。经过多年的经营，夫妻俩又陆续开发了不少新的糖果品种，生意越做越大。那时，观前街上有个卖古董的店铺叫采芝斋。店主是一对老夫妻，膝下无儿无女，平时跟金荫芝夫妻关系好，来往得很勤。后来这对老夫妻打算返乡，走之前把店面转给了金荫芝。金荫芝也没改店铺的名字，还用采芝斋的牌匾。后来，因为他家给进京为慈禧把脉的曹沧洲提供了一种含川贝母的糖，慈禧吃了大加赞赏，于是采芝斋糖果的名声就在坊间传遍了，他家的糖果铺子从此闻名于天下。

在苏州，粽子糖的爱好者据说不只是小孩子，还有成年人。尤其是那些老苏州人，他们根本吃不惯现在那些添加了色素的外来糖果，就爱这口清甜的味道。

当然，采芝斋仅仅靠卖糖果也不可能坚持到现在。他家的糖果除了有令人愉悦的口感之外，还有

一些有益于身体的功效。像玫瑰粽子糖能活血舒筋，薄荷粽子糖能清肺祛痰。所以，苏州民间称采芝斋是“半片药材店”，真是一点也不为过。

如今，为了迎合现代人的口味和习惯，采芝斋已经把粽子糖的甜度降了不少，而他们生产粽子糖的标准也更加精准严格。买一些这样的糖果回去品尝，收获的肯定不只是甜甜的味道！

苏州太太精致苏帮菜

地址 姑苏区白塔东路325号

电话 0512-67025297

银鱼炒鸡蛋

太湖美味的寻常之作

苏州人常说，太湖里出产三样好东西，银鱼、白鱼和白虾。这三样好东西都味道鲜美，被苏州人称为“太湖三白”。有人认为苏州人的这个说法并不贴切，因为银鱼的颜色并非白色，而是银色。事实上，这太湖银鱼活着时虽是半透明的，可是死后会变成真正的乳白色，太湖白虾离水死后也会变成白色，而白鱼则通体银白，所以它们会有这样的别称。

“太湖三白”里面，苏州人最常吃的是银鱼，做法也很多样，比较有名的有银鱼莼菜汤、银鱼炒鸡蛋、银鱼面和香煎银鱼。在这些做法里，银鱼炒鸡蛋是最为家常的做法，好吃又富有营养，所以在苏州街头巷尾的餐馆里，经常能看到这道家常菜。

一日上午，天气晴好，我在白塔东路上闲逛时正好看到苏州太太精致苏帮菜，装修得很是精致，很是喜欢，便进去找了位置坐下。我翻开菜单，银鱼炒鸡蛋这道菜一下就跳入眼帘，便点了它，又点了一个素菜和米饭。

店里人不少，上菜却不慢，很快一盘银鱼炒鸡蛋就上来了，洁白的瓷盘子里，鸡蛋金黄，银鱼白嫩。吃了一口，那银鱼的味道十分鲜美，鸡蛋也是喷香的。我对一旁的服务员夸赞了两句，那小伙子略带得意地说，银鱼是一早送来的新鲜货，鸡蛋也是农村收来的土鸡蛋，吃着肯定鲜！

这顿饭里面没有什么经典的大菜，给人的感觉却十分扎实，吃到最后菜都吃光了，尤其那银鱼的味道让我久久不能忘怀。

苏州的这道菜的优势在我看来就是新鲜可口，刚从太湖里捞上来的银鱼包裹在金黄色的鸡蛋里，经过大火爆炒后，口感鲜嫩，无比爽滑，不存一丝鱼腥气，配上一碗香糯的白米饭，真是人间美味！

苏州人又称银鱼为面条鱼、银针鱼、冰鱼或玻璃鱼。听起来都挺美的，不过我还是觉得银鱼叫起来最贵气。

相传，古时候人们认为银鱼是王母娘娘头上的银簪。据考证，银鱼的食用历史非常悠久，在战国时期就有食用银鱼的记载了。古书中的“昔吴王阖闾江行，食脍，有余，因弃中流，悉化为鱼。今鱼中有名‘吴王脍余’者，长数寸，大者如箸，犹有脍形”，说的就是银鱼，所以银鱼古时又称“吴王脍鱼”。

现在人们也会把出水后的银鱼晒成银鱼干，用来干蒸或凉拌。如果你在苏州被银鱼的味道所折服，又苦于家乡没有银鱼可买，完全可以买些银鱼干带回家，泡制后也为自己炒一盘鲜美的银鱼炒鸡蛋来回味一下苏州的味道。

花间堂·茴香餐厅（山塘人家店）

地址　姑苏区腌猪河头38号

电话　0512-69165812

金花菜 猛火造就的鲜味

金花菜学名南苜蓿，又叫黄花苜蓿。有些江浙沪本地人也把这种菜叫草头，所以不少当地人常光顾的小馆子的菜单上会出现“草头”这样的菜名。

在我父母那个年代，像金花菜这样的野菜在市场里是见不到的，因为它根本不需要花钱去买。只要你拿出一点时间，在田间、地头、公园，甚至房前屋后、院子角落里仔细搜寻就可以摘得一小篮。记得小时候，我也曾和小朋友们一起学着妈妈的样子在学校后面的大操场上寻觅这种菜的影子。那时候，一帮小孩子，手里攥着个大袋子，头都压得低低的，细细过滤一遍眼前的每一棵野草，生怕错过那美味的金花菜。谁采到一把都会兴奋地叫上一声，引得其他还一无所获的小孩更加着急地四处寻找。如果运气好，采了一大袋子金花菜，回家便会得到妈妈一句由衷的夸奖，心里准是喜滋滋的。然后妈妈就开始在厨房里收拾金花菜，择老梗，去死根儿，扔黄叶，收拾半天，一大包金花菜也就剩得不多了。在清水里淘一淘，那碧绿的金花菜就可以下锅了。金花菜的香味飘出来时，我们的口水都要流到桌子上了。那真是儿时一段幸福的回忆。

据说，金花菜最早是张骞从西域大宛带回来的，每年8月到次年立春3月可以采摘得到，大半是野生的。在古时候，金花菜也被称为三叶草，原本是给马吃的，现在主要在长江中下游一带的江苏、浙江和上海生长，虽是一种野菜，却很受本地人喜爱。当然，也有人专门种植金花菜。

如今的苏州菜馆里，也常有热炒金花菜这道菜，我因知道金花菜的美味，所以在苏州馆子里有时会特意点这个菜来过过嘴瘾。上次在山塘街上，和朋友两个人饥肠辘辘，好不容易在一家苏帮菜馆里等到位子，我拿着菜单看了一圈，第一个点的就是炒金花菜，朋友还以为我是为了保持身材，我笑而不语。等服务员把金花菜端上来时，光那香味就把朋友给征服了。她惊奇地问我，这个青菜怎么这么香！她吃了一口后更是赞不绝口。那肥厚的叶片里饱含汁水，配着刚出锅的热度，没法儿不让人为它折服。

其实金花菜的烹制方法很多，除了炒食以外，还可以腌制。经过腌制的金花菜也十分爽口美味，有些苏州人在家里煮面的时候，会用腌制好的金花菜来拌面，那滋味也是分外清口，吃起来会让人有一种初春的喜悦。

松鹤楼（观前街店）

地址　姑苏区太监弄72号
电话　0512-67272285

银鱼莼菜汤

浓而不腻，淡而不薄

在苏州的许多大馆子里，银鱼莼菜汤是食客必点的一道汤菜，它常被人们当作一道清口滋补的汤类菜品，知名度绝不亚于松鼠桂鱼、响油鳝糊之类的传世名菜。

苏州位于太湖之滨，所以太湖里出产的银鱼自然也就成为苏州人餐桌上不可或缺的一道鲜味。酷爱河鲜的苏州人能把银鱼做出各种花样来，银鱼莼菜汤便是其中较为出名的一种。

银鱼常被分为大银鱼、雷氏银鱼、短吻银鱼和寡齿短吻银鱼4种。前两种银鱼个头儿大些，后两种体型较小。食用银鱼的最佳时间是它集中产卵的5月中旬至6月中下旬，这段时间也是捕捞银鱼的旺季，许多苏州菜馆会在这个时候竞相推出银鱼的菜品，所以此时正好在苏州旅游的人就有口福了。

银鱼莼菜汤里的莼菜是一种珍贵的蔬菜，它本身没有味道，胜在口感圆融、鲜美滑嫩。莼菜为水生植物，含有丰富的胶原蛋白、碳水化合物、多种维生素和矿物质，具有药食两用的作用。它主要生长于太湖流域以及湖北等地，每到4月下旬至10月下旬，人们便会采摘那些还没有露出水面的嫩叶，来制作像银鱼莼菜汤这样的名菜。

据说，太湖的莼菜早在宋代的时候就被列为贡品。还有史书记载，清朝康熙皇帝到南方巡察时路过苏州，当时苏州的一个叫张志宏的小官献上了4缸莼菜和一首《莼菜诗》来讨好康熙皇帝，康熙皇帝龙颜大悦，当时就敕封了张志宏，由此可见莼菜的魅力之大。有一首古诗曾这样形容莼菜的色、香、味、形以及它柔滑的口感："叶青如碧莲，梗紫如紫绶，味滑若奶酥，气清胜兰芳。"真是极其妥切！

莼菜味美主要与它的幼叶和嫩茎中含有一种胶状黏液有关，这种黏液会让人在食用的时候产生一种细柔滑润、清凉可口的感觉。一般来说，新鲜的莼菜采收上来以后只能保鲜一天左右，因此莼菜采收以后，必须马上杀青或进行速冻保鲜的处理，加工之后的莼菜可常年食用。

以银鱼和莼菜入汤，是许多苏州人的心头大爱，他们喜欢这二者嫩滑的口感带来的愉悦。记得第一次在松鹤楼品尝到这道银鱼莼菜汤时，莼菜爽滑入口，汤中的银鱼无骨，汤从舌尖流到舌根，再滑入喉咙，鲜嫩可口。小的时候，妈妈也经常给我做这道菜。我闻着这若有似无的醉人菜香，仿佛穿越时空，回到了孩提时代。在那段甜蜜的岁月里，这股子温暖的味道仿佛无处不在，成了我人生最初的美好记忆。

老苏州大客堂·特色小吃（观前街店）

地址　姑苏区观前街碧凤坊一弄35-45号

电话　0512-67573157

苏州汤包

热热闹闹来一笼

汤包又称小笼汤包，是江南传统的风味小吃，具有皮薄透亮、皱褶清晰、味鲜卤足、小笼蒸制的特点，在江浙沪一带名声很大，非常受欢迎，在国内及海外也享有盛誉。

这种小笼汤包，一般选用当地的上等面粉，使用“紧酵”的方法发制面团，而肉馅则以新鲜的太湖猪肉为主料，再搭配皮冻，加入特制的伏天头道母油制成。

苏州的汤包很讲究，一个包子要有18～20条褶皱，外形要美观，夹起来不能破皮，翻身不能漏底，一口咬下去要满口的卤，味道鲜还不可以油腻。

相传在1751年，清乾隆皇帝第一次南巡到苏州时，品尝了当地的小笼汤包，小笼汤包自此便名声大振。现在，由于传统技艺在不断发展，小笼汤包也有了许多新品种，如鲜肉小笼、虾仁鲜肉小笼等。特别是每逢重阳节，菊黄蟹肥，此时将新鲜大蟹蒸熟后取出蟹黄蟹肉，然后熬成蟹黄油，加入肉馅里，便成了著名的“蟹粉小笼”。这种蟹粉小汤包吃起来蟹香扑鼻，汤汁鲜美可口，风味别具一格。

小笼汤包如此好吃，那它的秘诀到底在哪里呢？答案就在肉馅中独特的汤汁上。甚至可以说，这一口汤汁若是做得好，可以直沁食客的肠胃。所以，越是著名的店家，就越重视自己包子里汤汁的制作。

汤包制作不易，品尝起来也不是件简单的事情。有人说品尝小笼汤包必须掌握好“轻轻提，慢慢移，先开窗，再吸卤”的诀窍，否则肯定会有卤喷胸襟的尴尬，还会烫着嘴巴，邻座的食客也可能沾一身的油。

所以，看到刚出笼的汤包端上来，应该先取一个小碟，倒入少许玫瑰香醋，放些嫩姜丝在醋里，轻轻用筷子把汤包夹起，移入小碟中，然后在那薄如蝉翼的包子皮上开个小口做“窗”，就在这时，一股鲜甜热烫的卤汁便涌了出来，香味十足、醇厚浓郁。

苏州的汤包都是偏甜的，有些人对此颇为介意。其实，当你尝到了它那诱人的美味时，你一定会忽略掉这一点，绝不会感到半点腻味。当你吮着卤汁，吃下那纤巧可口的肉馅时，那种无比的爽快，会使你回味无穷。

观前街的“老苏州大客堂·特色小吃”是苏州很知名的一家卖汤包的店。每次来这家店，总要耐着性子排上半天的队，只为了尝一尝那思念已久的味道。

松鹤楼（观前街店）

地址　姑苏区太监弄 72 号

电话　0512-67272285

桂花糖藕

甜蜜里的清香

苏州民间有小暑吃藕的习俗，到了小暑前后，很多人会做些蜜汁桂花糖藕之类的甜食以飨肠胃。

在苏州，藕的品种很多。从深水处出产的塘藕又称雪藕，是历代朝廷的贡品，名扬天下，而苏州车坊镇的雪藕不管是生吃还是做菜都属上品。洞庭东山的实藕藕粉产量高，质量上乘，是藕中的另一种极品。

苏州的藕按采摘时间可分为：果藕、鲜藕、老藕和嫩藕。这四种藕上市时间不同，吃法也不同。比如嫩藕，苏州人喜欢将其切成薄片，因为它像水果一样既嫩又脆，还有一股甘甜的味道。等到西瓜下市后，苏州人就把嫩藕当作水果来消暑降温。除此之外，嫩藕还可以凉拌做菜，吃起来口感清脆、滋味甜爽。

苏州有名的小食“焐熟藕”是老藕的一种吃法。常见的苏州老藕有两个品种，一种是七孔藕，另一种是九孔藕。七孔藕又称红花藕，外皮为褐黄色，体形短而粗，淀粉含量较高，生吃的话味道苦涩，煮熟了却糯软无比。九孔藕又称白花藕，外皮光滑，呈银白色，体形细长，生吃起来脆嫩香甜，凉拌或清炒都非常好。苏州人做焐熟藕一般用的是那种短小的红花藕。“焐熟”有“煮”的意思，焐熟藕也就是所谓的“糖藕”。做焐熟藕时，一般先把老藕的一头切开，把糯米填入藕孔里，再炖煮。做好的焐熟藕吃起来既香糯又甘甜，还有一股清香。后来，嗜甜的苏州人又在焐熟藕的基础上，用桂花和白糖调味，就做成了现在人们所熟知的桂花糖藕。这种加了桂花糖的熟藕既味美可口，又能养身保健，所以风靡南北。

在苏州，几乎每家馆子都有这道经典的甜品，价格也不高，十分受人欢迎。在吃过的那些店里，我最喜欢的还是松鹤楼。一是因为他家的环境特别好，八仙桌，小阁楼，吃的是一种感觉。二是因为他家的糖藕品相特别好，洁白的瓷盘子里整整齐齐码放着一排切好的藕，那藕切得不厚不薄，非常适口，甜度也刚刚好。在头顶铺洒开来的淡黄色的灯光下，一桌子好菜十分诱人，连糖藕上的桂花都是金灿灿的。

当然，若你觉得这份简单的甜点不值得在那样气派的松鹤楼里品尝，你也可以到阊门那边寻一寻专门制作糖藕的小摊子，那些卖家都是地道的苏州人，煮出来的糖藕味道也很纯正。若是赶上5月底的傍晚，清风吹过，捧着一碗甜糯的糖藕，你会感觉那甜蜜蜜、美滋滋的味道宛如一首温婉的小令。

采芝斋（观前街店）

地址　姑苏区观前街91号
电话　0512-67276198

酒酿饼

酒不醉人甜醉人

苏式糕点的生产和销售有明显的季节性，有春饼、夏糕、秋酥、冬糖的说法。春饼有酒酿饼、雪饼；夏糕有薄荷糕、绿豆糕；秋酥有如意酥、菊花酥；冬糖有芝麻酥糖、荤油米花糖等。

在苏州，到了春天，有寒食节吃酒酿饼的习俗。苏州人爱吃的酒酿饼都是有馅儿的，里面的馅儿有荤、素之分，荤的一般都是猪肉的，素的有玫瑰、薄荷等。如今在江苏的其他地方，也有酒酿饼卖，但是以不带馅儿的居多，我第一次吃到的酒酿饼就是外地的仿品，不带任何馅儿的，当时吃起来感觉软软甜甜的，很是诱人。

到了苏州，正宗的酒酿饼是一定要尝一尝的，毕竟那才是苏州的味道。而且，酒酿饼是一款春天的苏式时令食品，通常只卖一季，若是你恰巧这时人在苏州，不品尝一下这道风味独特的软饼，那就太遗憾了。

一般在春天刚来临时，苏州的街头就开始弥漫酒酿饼的酸甜芬芳了。它的外观形似小的月饼，里面包着各种馅料，如豆沙、芝麻、玫瑰、薄荷等。我在苏州吃的第一块酒酿饼是玫瑰馅的。那个小小的饼团皮白瓤红，红红的玫瑰似要渗到面皮上来，因为刚出炉，趁热咬上一口，喷香、皮软、馅甜、味糯的感觉一起袭来，给人一种饼不醉人人自醉的错觉。

苏州的酒酿饼之所以用“酒酿”取名，是因为在揉制面团的时候掺了酒酿进去。这种饼要用苏州本地的冬小麦磨成的面粉，并且在制作的过程中不能加入一滴水，因为苏州当地人觉得只有这样做出来的饼，口感才最佳。

吃酒酿饼还有一点十分重要，就是要趁热吃，因为这种点心凉了会立刻失去独特的风味，特别是面饼中所蕴含的酒酿的香气会消失殆尽。

除了酒酿饼，麦芽塌饼也是吴地的春令美食。这两种饼都比较甜，有些外地人第一次吃可能会有点接受不了，但苏州人嗜甜，所以大多数都喜欢吃。

那寒食节时苏州人为什么要制作酒酿饼呢？据说这里面还有一个故事。

相传，元朝末年的时候，苏州有一个叫张士诚的人，因为误伤了人命，带着他的老母亲一起逃命。当时正好赶上寒食节，家家户户都不开火做饭，张士诚无处乞讨，再加上好几天没有进过食，他的老母亲饿得晕了过去，张士诚见状泣不成声。一位老伯见张士诚母子十分可怜，就用家里仅有的一些酒糟做了些饼给他，于是张士诚的老母亲得救了。

几年后，张士诚在苏州造反称王，想起那时的救命恩人，为了纪念这件事，张士诚就下令寒食节全城都吃酒糟饼，并为这个饼起名为“救娘饼”。后来，张士诚被朱元璋的人抓住，他在被押往应天府的路上自尽。此后自然没有人敢叫那饼为“救娘饼”，可是苏州人对张士诚还挺有感情，就悄悄把“救娘饼”改名为“酒酿饼”。自此，苏州人便保留了每到春天吃酒酿饼的习俗。

现在如果想吃酒酿饼，观前街上的采芝斋是个不错的选择，那里虽说游客多，天天都人头攒动，价格这两年也涨了不少，但是这酒酿饼确实还是他家的最地道，味道也最好。之前介绍过一些朋友去他家买酒酿饼，朋友们都很喜欢豆沙馅的，而我却是玫瑰馅的忠粉。我总觉得，苏式甜点若少了那股浓浓的甜味，简直就不能称为苏式甜点了！

小园楼

地址　姑苏区西北街151号（西北街与皮市街交叉口东南角）

电话　0512-67772967

毛蟹炒年糕

酱色诱人，软糯入味

说起来这“毛蟹”，很多不是江浙地方的人可能只是听说过，对于它具体是指什么样的蟹怕是并不清楚。毛蟹在苏沪这边也叫“六月黄”，是指从农历六月开始上市售卖的童子蟹，这种蟹经过了6个月的成长，蜕了16层壳，积攒了满满的膏和黄，只要再等上一阵子，蜕下最后一层壳，就可以变成一只真正的成年蟹，那时它的身价将会飙升数倍。但是，苏沪地区的人对这种只差一步就成熟的小蟹却别有一番感情，这样的蟹脚壳软，肉质新嫩，蟹黄丰腴，跟长成的大闸蟹相比更加清鲜味美。

这样的毛蟹是不适宜清蒸的，因为还未完全成熟，蒸出来肉的味道很淡，也拆不出什么蟹粉。最好的烹饪方法是连壳吃，比如用酱爆炒、用面拖、清炒，也可以做成醉蟹，因为这么大的蟹壳很软，吃起来满嘴的鲜香。在这众多的做法里面我最喜欢的就是炒年糕这一款了。

老苏州人十分了解这种蟹的美味，也爱做这道毛蟹炒年糕。他们会把毛蟹买回来洗干净，放在水里养两天，等肚子里的污物排干净了再上案板，从中间一刀劈开，去掉里面的腮、肠和胃等不可以吃的部分，在切面上蘸上面粉，防止蟹黄和蟹肉流出来。在锅里倒油，油热之后，把毛蟹蘸着面粉的一面先下油锅，等蘸的面粉煎得牢牢的时候再煎其他面，蟹壳完全变红了就可以捞出来沥油。把买来的年糕洗干净切成片。这年糕片不可以切得太厚，厚了心会硬；也不可以切得太薄，薄了容易塌掉。最好切成两三厘米厚，这种厚度做出来最软糯适口。年糕切好后需要先在水里泡软，之后烧热锅，下油烧热，放入葱段和姜片炒出香味来，把炸好沥完油的毛蟹放入锅里翻炒，烹点料酒去腥，放入盐和胡椒粉调味，再放酱油调色，最后放糖提鲜。向锅中加入热水，大火烧沸汤汁后，把泡软的年糕放进去，来回翻炒，最后改小火使汤汁变稠即可。这样一碗富有典型江浙特色的浓油赤酱的毛蟹炒年糕就完成了。

过去在苏州朋友家曾品尝过家常风味的毛蟹炒年糕，那个鲜香让人终生难忘，那天恰巧在小园楼再度遇见这盘美味，哪能错过！我指着菜单上的这道菜说：“我就点它，剩下你们随意。”

等了一会儿，毛蟹炒年糕便端了上来，做得是料足味足，吃得我胃口大开。因为我经常吃蟹，旁边的服务员看我吃蟹直赞专业。我想我这吃蟹的本领还是末技，不敢跟高手比。据说苏州本地的一些精致女人更厉害。她们往往穿着讲究，可是一遇到这道毛蟹炒年糕就没了那股风度了：先把碗里的年糕扫荡干净，再抓起蟹块大嚼——通常是先吸净汤汁，然后掀开蟹盖，一口口咬下去，什么吃蟹的工具都不用，全凭唇齿的功夫，剔壳取肉，蟹腿就直接嚼嚼咽了，又鲜又嫩，她们管那叫“好补钙”。她们吃完这道菜，擦干净手和嘴，坐在那里，又成了优雅的女性，刚才的吃相没了踪影，只有面前的一堆蟹壳才会出卖她们的贪吃。

从上次在苏州吃毛蟹炒年糕到现在已经有几年了，至今忆起当时蟹的鲜味，仍口水直流。如果有时间，我打算再去苏州寻找一下这道美味，再去品尝一下这道鲜美无比的毛蟹佳肴。

鸡脚旮旯

地址 姑苏区平江路郭长巷2号

电话 17186386917

鸭肫肝

盐卤味的佐酒小菜

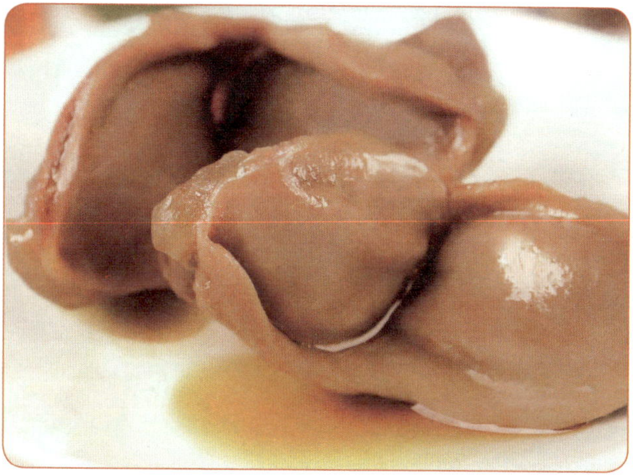

很多苏南人一直以来都爱吃鸭肫肝，因为那紧实的肉质、咸香的口味只要尝过就很难忘记。这道小食在苏南地区既可以当作冷盘上桌佐酒，也可以当作零嘴消磨时光。

鸭肫肝其实就是鸭的胃，在上海、苏州、无锡、南京一带人们习惯叫它鸭肫肝。做好的鸭肫肝颜色暗红，呈扁圆形，并不规整。它的肉质很有韧性，耐嚼却不硬，用盐腌过后味道更加鲜美，做得好的话吃起来咸淡适口，当零嘴吃也不会让人口干舌燥。

腌好的鸭肫肝若是上桌的话，一般会被切成薄片，切口光滑而有光泽，让人看着就很有食欲，是极好的佐酒品。

鸭肫肝营养丰富，里面的蛋白质含量很高。从中医角度来讲，它味甘性平，对上腹饱胀、消化不良的人有消食的功效。

虽说鸭肫肝在苏南地区非常流行，但是不少外地人所熟知的鸭肫肝是上海稻香村的鸭肫肝，至今仍有很多老上海人认为稻香村用纸包装的风干鸭肫肝是最美味的。

说起稻香村，很多人会有些不解。上海有稻香村，苏州有稻香村，北京也有稻香村，它们的店名都一样，名气也都不小，可是彼此间有什么关联吗？是一家店的连锁吗？

其实，稻香村的真正起源是在苏州。因为苏州稻香村创建于清乾隆三十八年，也就是在1773年就已经有这家糕饼店了。乾隆在南巡时偶然吃过他家的点心，称赞其“食中隽品，美味不可多得”，还赐了御题匾额。而北京稻香村始创于清光绪二十一年，即1895年，整整比苏州的老店晚了100多年。可以说北京稻香村是苏州稻香村北上生根发芽的结果。而上海稻香村也和北京的稻香村一样，开得比较晚，在光绪十八年，也就是1892年时创立。但是，让上海的稻香村出名的不是糕点，而是鸭肫肝，这一点非常特别。

更有趣的是，上海稻香村并不生产鸭肫肝，而是一个做鸭肫肝的小贩因为常年在当时的稻香村店前做生意，人们就把他家的鸭肫肝叫作稻香村鸭肫肝。这位研发了如此美味的小贩叫高敬贤，当年他的鸭膀、鸭肫肝、鸭脚之类的做得都很好吃，主要卖给一些从戏院里看戏出来的人们，后来生意做大了，就盘下了稻香村商店的一块铺面，专门卖鸭肫肝。从此稻香村鸭肫肝的名气就越来越响了。

这个鸭肫肝的制作过程很是复杂，据说要经过剖、刮、剥、洗、腌等10道工序。具体来说就是，先把鸭肫肝剖开，然后刮掉里面的黄皮，剥掉油筋，洗掉里面渗出的血水，用盐腌起来，腌的时候要用绳子穿好，漂掉盐分后晒干。这小小的鸭肫肝不过是个零嘴，可做起来着实费力。

现在在苏州也有好吃的鸭肫肝卖，平江路上的鸡脚旮旯就有鸭肫肝。鸡脚旮旯藏在平江路的一条小巷子里，外面有红色的旗帜，一眼就能看到，几乎每个点排队的人都很多。他家的主打虽然是鸡脚，可是鸭肫肝做得也非常入味。上次去苏州时是

冬天，特意去了一趟他家，排了好久的队才买到鸡脚和鸭肫肝。不得不说，冬日的下午，坐在平江路的历史街区，靠着河边悠闲地吃着鸡脚和鸭肫肝，真是再惬意不过了。

采芝斋（观前街店）

地址 姑苏区观前街 91 号

电话 0512-67276198

虾子鲞鱼

河鲜与海货的一次完美碰撞

苏州和上海相隔不远，在饮食文化上常不分彼此，苏州的很多当地美食，往往具有上海美食的特色，苏州菜、上海本帮菜更是常常被人混为一谈。比如，有人认为小时候吃过的零食，如松仁粽子糖、贝壳酥糖、海棠糕、酱汁豆腐干、蟹壳黄等是上海的，可苏州人会说这些明明是苏州老字号茶食店里的看家品种；说起知名的上海菜品，有人会如数家珍般地说出一堆好菜：酱汁肉、松鼠桂鱼、清炒河虾仁、小馄饨、焖肉面、“水八仙”（茭白、莲藕、南芡、茨菰、荸荠、水芹、红菱、莼菜）……而这些明明是苏州人最引以为傲的代表菜。不过，有一道小小的零食——虾子鲞鱼，绝对是一个例外，它是苏州独有的。

一次，一位朋友在苏州给我发微信，连表情带解释地说采芝斋里竟然有咸口的东西！而且那么咸！我当时一看就笑了，问她知道那是什么吗。等了半天她才回了四个字：虾子鲞鱼，接着还抱怨这名字里的第三个字几乎不认得，最后只好厚着脸皮去问店家怎么读。

当然，这是一段笑谈，然而我朋友吃到的这个有些偏咸的虾子鲞鱼还确实是苏州本地一种极富特色的小食，许多外地人可能不知道，它可是很多苏州本地人的心头大爱。过去这种咸咸的鲞鱼只有那些专供苏式糖果蜜饯的门店才有，菜市场的水产区反而难寻它的踪影，现在许多地方都有卖，超市里也有很多，想买的话方便多了。

“鲞”鱼的“鲞”读“xiǎng”，从字面上解释，原是指剖开肚子晾干的鱼，也指成片的腌腊食品。鲞鱼其实也叫鲥鱼，北方人称“鲙鱼”“白鳞鱼”，主要出自我国的黄海和东海。鲞鱼的鱼身为银白色，鱼体偏扁，适宜腌制，味道纯鲜，很受江南地区人们的喜爱。

苏州虾子鲞鱼选取的是质量上乘的咸鲞鱼，洗干净以后，切成小块，在油锅中煎至变色，然后将鱼块放入一只汤锅中，加水、酱油，再放些料酒、白糖、姜汁、虾子等，烧到汤汁收干就可以了。或者用葱结、酱油、姜片、盐、料酒之类的将鲞鱼进行腌制，然后再与河虾子一起放入油锅炸，效果也是一样的。

关于这道美食，还有一个传说故事呢！据说，苏州原来有条上塘街，旧时，那是一个专门卖腌鱼腊肉的地方。在这条街上，有一家叫“兴隆”的咸鱼店，老板姓王。因为王老板家里底子薄，做生意经验也不够，所以每年都蚀本。为此，王老板整日垂头丧气，常常去皮市街的鲞王庙烧香拜佛，祈求菩萨显灵，让他的生意能日渐好起来。可他拜佛归拜佛，做起生意来总是不够活络。又过了两年，咸鱼店眼看就要倒闭了，这位王老板又气又急，便一病不起了。

一天，一位亲戚专门来探望他，送了他两瓶上好的虾子酱油，对他说：“这可是我拿伏油加了虾子熬的，味道别提多鲜了，送你两瓶开开胃吧。”王老板心想：伏油是酱油中的上上品，虾子又十分美味，这两样东西熬煮出来，自然是能生津开胃的。

于是，他起床打开瓶子尝了一口，立马啧啧称好，赞叹这位亲戚做东西很会动脑筋。这时，这位亲戚劝他说：“你卖的咸鱼，年年都是一个样子，难怪不受欢迎。依我看，求神不如求己，你何不动动脑筋，把咸鱼翻翻花样，好把生意做活了?”

王老板一听叹了口气说：“我也想过这个办法，不过一直没有什么好主意，你这伏油配虾子是好，可我总不能也用虾子和鲞鱼配吧？”他家亲戚一听急忙说道："为什么不可以？虾子配鲞鱼说不定会特别鲜呢。你何不试试？我也可以来帮你。"

于是，两人就商量合伙做虾子鲞鱼的生意。王老板病好之后，专门在店里挑选上好的鲞鱼，用姜、糖和伏油进行熬制，又在鱼身上涂上黄灿灿的虾子，如此一来，那鲞鱼果然咸淡适口，别有风味。等到苏州当地鲞王菩萨生日的那天，王老板就特意制作了不少虾子鲞鱼，用一只大木盘装起来，叠成一座"鲞山"的样子，在上面挂上一张大红纸条，纸条上写的是"上塘街兴隆咸鱼店精制虾子鲞鱼，敬献鲞王老爷"。

这一大盘虾子鲞鱼的鲜香一下子就盖过了庙里的檀香，一摆上供桌，立即吸引了很多香客的注意。人们议论纷纷，口水都要滴到脚面上了。

第二天，王老板的咸鱼店一开门就挤满了顾客，他们争着抢着要买虾子鲞鱼。顾客你要一斤，我要一斤，王老板很快就把那些陈年的旧货卖了个精光。从此，兴隆咸鱼店的名声就传开了。慕名来尝鲜的顾客越来越多，兴隆咸鱼店的生意也越做越兴隆，王老板不但很快还清了债，还赚了一大笔钱。

这位王老板去世后，他店里的一位老师傅被观前街上的"叶受和"茶食店老板聘了过去。再后来，这种美味的鲞鱼就开始由稻香村和采芝斋这样的茶食糖果店供应了，而且这些老茶食店还对虾子鲞鱼进行了工艺上的改进，这种小食也慢慢成了苏州一种独特的传统食品。

现在，采芝斋会把一块块大小差不多的鲞鱼干裹上通红的干河虾子，装在一种有透明盖的塑料盒里，每盒200克左右，盒盖上有简单明了的四个字"虾子鲞鱼"。这样的包装多少年都没有变过。一般盒子上面会注明"采芝斋"，告诉顾客这是苏州老字号"采芝斋"出品的。不过，虾子鲞鱼并不是采芝斋一家独做。苏州许多商家都生产虾子鲞鱼，它们的外包装大同小异，在产品的说明中都会附上一段关于虾子鲞鱼的传说。那是一个关于吴王阖闾的故事，只要你细心，一定能看到这段故事。

不过，我觉得虾子鲞鱼之所以是苏州的特产，是因为它

的配料和味道确实有着明显的苏州风格。这点是怎么判断出来的呢？苏州人制作食物时不要求食材必须贵重，但讲求食物合时合事合意合味。像虾子鲞鱼这道零食，里面的鲞鱼并不是什么稀罕物，苏州河系发达，河虾随处可见，虾子也普通得很。而苏州人就有那么好的兴致，连一只小小的河虾也要弄出几种吃法，像虾脑烧豆腐、虾壳汤、虾子酱油之类的。当然，虾子鲞鱼也是他们闲适心态的外显。

那这虾子鲞鱼怎么吃最美味呢？我一般用最简单的白粥来配它，或者蒸一碗软硬适中的新米饭，把一块虾子鲞鱼放上去，看着通红的虾子落在洁白晶莹的米粒上，那种感受无与伦比。

黄天源糕团

地址　姑苏区观前街宫巷口

电话　暂无

鲜肉月饼

永存的一点回味

江南人很少有不喜欢苏式月饼的，那一个个酥皮月饼外表金黄油润，咬一口皮酥馅儿香，味道咸甜多样，任谁吃过都不能忘怀。

说起来，苏式月饼并非起源于苏州，据说应该是在扬州一带。以前这种月饼叫“酥式月饼”，主要是因为它香酥可口。后来传着传着，人们便都以为是这个“苏”，而不是那个“酥”。再到了后来，“苏式月饼”的名号就固定并流传下来了。

苏式月饼里的馅儿有咸、甜之分，甜馅儿有松子仁、玫瑰花、核桃仁、赤豆等，咸馅儿有火腿、虾仁、猪肉等。如果要问，在这众多的品类里，哪种月饼最惹人回味，十个苏州人九个都会说是鲜肉月饼。尤其在中国各地甜得发腻的月饼中，苏式月饼的咸口鲜肉月饼，绝对照顾到了那些不嗜甜的人的需求。要我说，凡是不想吃甜腻得过头的月饼的人，都应该来苏州尝尝这里的鲜肉月饼。

不过，现实是：很多外地人，尤其是北方人，还是接受不了鲜肉月饼。

如果人在苏州，也许受了江南水乡美景的影响，可能会接受一些，因为苏州那种悠闲缓慢的生活氛围可能会改变你对鲜肉月饼的看法。特别是在中秋的时候，你可能会看到一些老店门口排起条条长龙，那时你就会发现，还有一些东西是我们不舍得丢掉的，就像这鲜肉月饼。

没有吃过鲜肉月饼的人很难想象一口咬在月饼酥皮上的那种感觉。我第一次吃鲜肉月饼时，那鲜到出汁的肉馅儿让我陶醉，当时我刚从店家手里接过的那袋子月饼还有些烫手，那滋味真是绝了！

从那次以后我总算明白了，鲜肉月饼只能现买现吃，不能吃冷的。如果把这种美味装进旅行包中带上火车或飞机，月饼就会失去它的风味。所以鲜肉月饼只能在当地现吃，是绝不可能当成礼物拿去送人的。

姑苏区的黄天源糕团店是一家百年老店（注：姑苏区观前街86号的黄天源糕团店自2019年3月1日起拆迁重建，预计2020年重新开业。宫巷口的销售店为临时设立的店），上次慕名去排队买月饼时，听到有两个游客也在谈论这鲜肉月饼，说有一年中秋，苏州一家老店门前排着长队，大家都在等着鲜肉月饼出炉。结果队里面有个人在排到自己后买了几十个鲜肉月饼，拎着月饼往外走时，后面几乎所有的游客都在用痛恨的目光盯着他，弄得这人落荒而逃。队里面的一个本地阿姨却笑着说：这肯定是个外地人，这么多月饼带回去也凉喽，还怎么吃！

黄天源糕团

地址　姑苏区观前街宫巷口

电话　暂无

猪油年糕
回忆中的浓香

年糕是很多人过年时的必备食品，特别是在主要以米为主食的长江以南地区。大部分年糕的做法都差不多，只是风味各异。不过，苏州的猪油年糕很特别，大概只有在苏州才能找到它的身影。在苏州，专门出售苏式糕团的黄天源和著名的茶食店“采芝斋”之类的店家，到了年前也会供应猪油年糕。

苏州人做猪油年糕，不光是在米粉中掺入熟猪油，还要在已成型的年糕中再夹上撕碎的生猪油块。那么，这些含生猪油的年糕苏州人都是怎么吃的呢？

首先要将买来的猪油年糕切成小块。调一点面糊，在面糊中加入鸡蛋。如果爱吃甜的，可以在面糊中加少量糖。面糊做好后，把年糕放进面糊中，将年糕的每个面都滚上面糊，放到锅里用文火煎，煎至两面呈金黄色，就可以装盘了。煎好的猪油年糕块外形端正，表皮松脆，年糕里面已经绵软，猪油也全部熔化，和年糕融为一体。咬一口，又香又糯又甜，绝对是过年时的佳品，自己吃或待客用都好。可以想象一盘色泽金黄、油光明亮的猪油年糕能得到多少人的夸赞。

现在人们讲究健康饮食，超市里卖的猪油年糕里的猪油和糖已远不能和过去的比了，所以口感也远不及从前了。

不掺猪油的年糕，真的是不香的，甚至只放一点猪油，也是不香的。清人沈藻采编撰的《元和唯亭志》里，专门讲到“猪油糕”，说它晶莹洁白，润湿糯软，油而不腻，是“吴门佳制”。真正的猪油糕里糯米粉、砂糖和猪油的比例应该为1：1：0.5，由此可见，猪油占了不少分量。

黄天源糕团店是以糕团闻名的苏式老字号，所产的糕团都加了猪油，嚼起来特别香。猪油是吴门地区食物的灵魂，年糕也是。正月的元宵，二月二的撑腰糕，三月的青团子，四月十四的神仙糕，五月的炒肉馅团子，六月二十四的谢灶团，七月的豇豆糕，八月的糍团，九月初九的重阳糕，十月的萝卜团，十一月的冬至团，十二月的桂花猪油糖年糕。在每一个或甜或咸的团子里，缺了那白白的猪油，哪里去寻那满嘴的浓香？

梅花糕

地址　姑苏区平江路如家快捷酒店东北

电话　18352404125

梅花糕

糕点界的一枝花

到苏州旅游，去山塘街是必不可少的。在那条熙熙攘攘、人来人往的街上，走几步就能遇到一个卖梅花糕的小车子，车子前面总是围满了游客，挤出人群的游客经常是满面含笑地拿了一块糕出来，一边品尝糕的甜美，一边跟身边的人说笑。梅花糕的魅力由此可见一斑。

据说，梅花糕最早出现于明代，到清代时就已经成为江南地区最著名的特色小吃了。相传清乾隆皇帝下江南时，见梅花糕外形如梅花，十分诱人，就品尝了一番，感觉那甜而不腻、软脆适中的滋味远远胜过宫里的御制点心，于是赞不绝口。因梅花糕形如梅花，乾隆皇帝就赐名“梅花糕”。有了皇帝的广告，梅花糕从此便名声大振了，以至许多人来苏州如果不尝尝梅花糕，就感觉少做了什么似的。

梅花糕这种小点心是要趁热吃的，再好吃也只能当时尝尝，带不走，回家自己没有磨具也做不了，所以许多游客到了七里山塘，第一件事就是四处去搜索卖梅花糕的摊子。

其实，梅花糕摊子并不用特意寻找，只要你的鼻子够灵敏，百步之内准能发现它的踪迹。

现在在平江路如家快捷酒店旁边，就有一家挺有名气的梅花糕摊子，不少人都慕名而去。这里的师傅做糕很从容，顾客再多他也还是不紧不慢的。摊子上的炉子和模具倒是稀松平常，他手边的一只很大的紫铜壶却很特别，引得我一直盯着看。每当一锅糕卖完，他便一手抄起紫铜壶，轻轻一浇就是半盏面糊，每个模子里都一样多，外面一滴不漏，让人看了啧啧称奇。倒完第一遍面糊后，师傅便一个模子一个模子地往里面加豆沙馅儿，都加完了，再拎起紫铜壶浇上面糊封口。最后压上模具盖子。整个过程如行云流水，一气呵成。略等一下，糕便好了。师傅依次挑起糕，用纸包好，递给顾客，同时不忘叮嘱一句："小心，不要被烫到。"糕暖手，话暖心，真真令人难忘！

不过，现在很多老苏州人都说梅花糕没有过去的好吃了，你问他们缘由，他们也说不清楚，就是觉得那种滋味如今再也找不到了。我倒挺能理解这种感受，毕竟我们每个人儿时的记忆里都有一些无法重拾的东西，这也是以前物质比较贫乏的年代里，人们普遍留存下来的一种心理。在那个年代，每一种吃食都来之不易，所以每一次食物体验也都刻骨铭心，更何况像梅花糕这样甜香美好的食物！

陆稿荐

地址　姑苏区观前街8号（醋坊街口）

电话　0512-67270158

酱汁肉

肥瘦适宜的春天肉

苏州的酱汁肉方方正正，呈桃红色，品之甜而不腻，肉酥而不烂，入口即化，清明节前开始售卖，到夏至便下市，是苏州当地的一款季节性产品。

酱汁肉以五花肉为主料，佐以桂皮、茴香等香料精心炖制而成。

许多没来过苏州的人，第一次看到酱汁肉时会脱口而出“这不就是红烧肉吗”。其实酱汁肉不同于一般的红烧肉，它在制作时使用的是一种红曲米，这算是苏式菜肴的一个特点。

红曲米至今已有1000多年的历史。明代李时珍在《本草纲目》中评价红曲米“乃人窥造化之巧者”，是“奇药也”，认为它有活血健脾等功效。这种米一般是将红曲霉类真菌种在大米上，然后发酵而成。现在也有红曲米粉，使用起来更为方便。

酱汁肉的桃红色并不同于一般红烧肉上糖色后的酱色，它的口感也更清甜，没有加糖后的厚重感，所以吃起来一点不腻。

除了使用红曲米这个独门秘籍之外，酱汁肉的制作过程也异常烦琐。一般要先将切好的肉块下锅和红米一起煮，这一煮起码要一个小时左右，然后把肉块捞出，洗净，再放入一个空锅里，这个锅的锅底要放上篾垫，再加入桂皮之类的香料，放好葱、姜、盐，最后倒入之前煮肉的红汤水，烧两个多小时，这样才算基本完成。顾客购买酱汁肉时，一般要把红卤汁浇在肉上，这样才能使肉块始终保持桃红的色泽。

说起卖酱汁肉的店家，就不得不提苏州大名鼎鼎的陆稿荐熟食店，这家备受苏州本地人喜爱的老店已有百年历史，观前街上的陆稿荐老店更是名声在外。

关于这家熟食店的名字，曾有朋友很好奇：这“陆”估计是当初把店做大的那个店主的姓，那“稿荐”是什么意思？难道是这陆店主的名字不成？

实际上不是。“稿荐”在江浙地区指的是用稻草、麦秸等编成的垫子，是穷人日常使用的物件儿。一个睡觉用的席子怎么和一块酱汁肉扯上了关系呢？这事儿还得从头说起。

早年，陆稿荐这家熟食店并不是卖熟食的，而是一家猪肉铺子，店主姓陆，和老婆两人一起经营着一个小门脸儿。

有一年夏天，天气非常炎热，日头大得不得了，陆店主的生意冷冷清清，几乎无人问津，因为天气热，谁也不想吃肉。这夫妻俩看着挂着的猪肉卖不出去，愁眉不展，担心新鲜的肉到下午会臭掉，唉声叹气。这时，铺子外面突然“扑通”一声闷响，正在发愁的夫妻俩吓了一跳，赶紧推门出去看，原来是个老乞丐被热得昏了过去。两人心慈，合力将乞丐抬进了店里，还倒了凉茶给乞丐喂了进去。乞丐喝了点儿凉茶，慢慢醒转过来，发现自己被陆氏夫妇搭救，再三地道谢，陆氏夫妇并不以为意，还挽留他在店里多歇一阵子，等太阳下去再走，但这老乞丐说什么也不愿多待，执意要离开。正在这时，老乞丐抬眼看到店里悬挂的猪肉，便对陆氏夫妇建议道：“天气热，这肉做熟了卖肯定客人多啊！”陆氏夫妇并没有在意，见老乞丐坚持要离开，便帮他收拾了东西，其中就有一卷破稿荐。老乞丐拿好东西转身出门，刚到门口，又折身回来，把他身上背着的破稿荐拿了下来，要留给陆氏夫妇，说算作感谢两人的。这夫妻二人当然不肯收他的破稿荐，因为知道这乞丐晚上睡觉还要用它，但是老乞丐坚持留下，两人最后只好任他把稿荐放在店里。

乞丐走了以后，陆氏夫妇突然想到老乞丐让他们把肉做熟再卖的建议，觉得这个主意挺好，就决定试试。两个人想好后就立刻动手做了起来，很快肉就在火上炖起来了。陆店主本来指望这肉炖个一下午，能赶个晚市卖出，可是几个时辰过去了，肉仍是不烂，而灶膛里的柴火都快烧光了。陆店主的老婆这时扫视了一下店里，一下看到丢在地上的破稿荐，便拾起来都塞进了炉膛，结果没多大会儿，一股扑鼻的肉香就传了出来。陆店主欣喜地揭开锅盖尝了尝，那肉酥烂，汤汁鲜美无比，便赶忙用大盘盛出来，摆到肉铺的案板上。夏日的晚风一吹，肉香飘荡在整条街上，引得无数人挤到店门口买肉，愁了一天的猪肉一下子就卖光了，陆氏夫妇乐得合不拢嘴。从此之后，这酱汁肉便是陆稿荐的头一份儿了。

如今，作为苏式菜肴代表的酱汁肉可以在很多饭店里品尝到。但是，每当快到清明的时候，陆稿荐门口仍是排着长长的队伍。苏州当地的叔叔阿姨们是绝不会去别的饭店里品尝这道美味的，在他们的眼里，只有这陆稿荐的酱汁肉才具有苏州的神韵。

矮脚楼馄饨

地址　姑苏区书院巷109号
电话　0512-65189937

苏州馄饨

江南人家的寻常小点

馄饨是一种历史悠久的食物，关于其来历有不少说法。一种说法是：这种小吃食是道教里的一种食物，因为冬至日那天是道教元始天尊的诞辰，而道教认为，元始天尊象征着混沌未分，所以民间便有了“冬至馄饨夏至面”的习俗。另一种说法是：汉朝人常被北方的匈奴侵扰，匈奴部落里有两个很残暴的首领浑氏和屯氏，人们就用肉馅儿包成角儿，呼之“馄饨”，以表达自己对匈奴人的仇恨。还有一种说法是：南宋的时候，在当时的临安，也就是现在的杭州，那里的人们将吃馄饨作为一种祭祖的方式。

时过境迁，如今馄饨早已没有了这些附加意义，而变成了人们餐桌上的一道普通的寻常小点。馄饨现在分为南北两派，南派馄饨以苏州馄饨为代表，皮薄馅儿少，汤水鲜美，馅儿中常添加腌制后的虾仁干、榨菜等，清香不油腻。北派馄饨以安徽馄饨为代表，汤味儿重，喜欢用大骨头熬汤，爱加辣油，香鲜透骨。

虽然南北派馄饨各有优点，但我本人更爱的是南派的苏州馄饨。

苏州人爱吃馄饨，这一点在苏州街头随便走走便可看出一二——大大小小吃食店的招牌上不可缺少的一样就是馄饨。苏州人上午和中午的点心全在这一碗清香扑鼻的汤食中。一般小孩子，早上一碗馄饨就是一餐饭了，胃口大些的，再搭配点小笼包子、生煎之类的。总之，除了米粥，馄饨是汤食里顶好的选择。

苏州人喜爱的这碗馄饨不仅好吃，而且种类丰富，有泡泡馄饨、鸡汤馄饨、开洋拌馄饨、白汤馄饨、菜肉馄饨、鱼尾小馄饨、香菇馄饨、鸡丝馄饨、虾肉馄饨和三鲜馄饨等。

在这些馄饨中，泡泡馄饨的卖相是最好的，这种馄饨包制的时候用的是一种极薄的面皮，里面只用一点点肉糜，捏口的时候手上要留点空隙，但口一定要收紧，这样小小的馄饨一下热锅，不出一会儿就鼓起泡泡浮了起来。因为皮薄，每一只小馄饨都是晶莹透亮的，配上清爽的汤水，赏心悦目，十分好看。

除了泡泡馄饨，鸡汤馄饨在苏州也极有名气。江南人爱用鸡汤吊味，连一碗简单的豆腐脑也要用到鸡汤。馄饨与鸡汤是上好的搭配。著名的矮脚楼馄饨的鸡汤馄饨就非常好吃，清清的鸡汤里漂着十只大馄饨。这种馄饨皮子厚实些，极有嚼头，肉糜也更多，一碗下肚，任谁都会觉得心满意足。

伴园得趣堂苏帮菜

地址　姑苏区平江路混堂巷20号

电话　17327246670

雪花蟹斗

恰似芙蓉缓缓开

雪花蟹斗是传统苏式蟹菜的经典做法，在黄灿灿的蟹壳上，覆盖上打成泡状的雪白的蛋清，看起来十分赏心悦目，吃起来也是酥软可口，很适合上了年纪的人吃。这道菜原本是在芙蓉蟹的基础上创新出来的一款名菜，因为它的外形十分漂亮，所以一出现就成为各大苏式酒楼里的宠儿，很多人都爱点这道菜尝鲜。

芙蓉蟹原本是粤菜，也是以蟹壳盛上蟹粉之类的食材，味道十分鲜美。这个菜传到苏州以后，被苏菜师傅略加改良，上面加了雪白的蛋清泡，便一举拿下了苏州人的胃。

这道雪花蟹斗在制作时有两个难点：一个是炒蟹粉，另一个是打发蛋清。这两点都能做好，这道菜就成功了。

炒蟹粉的“炒”这个步骤并不太难，甚至可以说很简单，麻烦之处在于将蟹肉和蟹黄、蟹膏一点点从螃蟹壳里挑出来。这是个慢工活儿，要有足够的耐心，一点急不得。如果想自己在家做一顿雪花蟹斗，四只蟹便是一个比较合适的量，而要完全剔干净四只蟹的肉，即使是吃蟹的行家，也要个把钟头才行。挑蟹肉的时候一定要把蟹肉和蟹黄、蟹膏分开盛放。等到四只蟹都挑干净了肉，就可以开火炒蟹粉了。炒蟹粉时应该先炒蟹黄或蟹膏，再放蟹肉。炒的时候要用大火，快翻，避免煳锅的情况产生。

有一次，我慕名来到平江路上的伴园得趣堂苏帮菜，据说他们家做的雪花蟹斗最为地道。也是来得巧，当时这家店的厨房是开放式的，客人可以坐在店里观看师傅们制作像雪花蟹斗这样高难度的苏菜，我正好看到了整个制作过程。

当时印象颇深的是打发蛋清的过程。一般人没有足够的经验的话，打发蛋清时是很容易失败的。一般家里打发蛋清常用的是打蛋器，而店里的师傅完全靠手工，他们动作极其熟练，用手也不比用打蛋器慢，很快碗里的蛋清就出现了一个直立的小尖角——这是蛋液打好的标志。师傅用双手掌心将打发好的蛋清捧出，呈四个圆球的样子，放在一只盘子里面，然后将盘子放入蒸锅，大火烧开后改小火，两三分钟后，那蛋清的体积就膨胀起来了。与此同时师傅准备炒锅。蛋清蒸好，蟹壳里的蟹粉也已装满。把蒸好的蛋清轻轻地放在蟹粉上面，这个菜就基本大功告成了。

说实在的，在观看师傅制作这道菜的时候，我真替师傅捏了一把汗，毕竟，这个菜的功夫和火候决定了它的成败。

相比其他苏式蟹菜，雪花蟹斗是最为复杂的一道，但正是这道菜充分体现了苏州人对菜品精致精细的要求。来苏州品尝一次雪花蟹斗，相信会让你对苏州这座城市有些别样的认识。

陆稿荐

地址　姑苏区观前街8号（醋坊街口）

电话　0512-67270158

苏式酱鸭

地道的苏州韵味

苏州酱鸭是一道非常有名的苏州冷盘，看起来浓油赤酱，吃起来却不肥不腥，表皮红亮有光泽，卤香浓郁悠长，味道咸中略甜，鲜香而肥嫩，吃上一块就能让人吮指难忘。

这道冷盘历史十分悠久，传说在楚昭王时期就已经出现了。那时，楚国郢都的宫廷里有一位厨师，叫石纠。他的厨艺十分高超，凡他烹制的菜馔都精美无比，很得楚王和大臣们的喜爱。

石纠在楚王宫里烧菜，家里60多岁的老母亲却一直一个人生活。有一天，石纠的母亲在河边洗衣服的时候一脚踩滑，掉进了蛮河，后来多亏几个放鸭人发现并救起了她。石母虽然得了救，可是被救之后彻底病倒了，多亏乡亲们细心照料，才慢慢地好转起来，后来乡亲们托人捎信到楚王宫，把石母落水生病的事情告诉了石纠。

石纠非常孝顺，听到这个消息后就急忙告假，星夜兼程赶回家看望母亲。到家之后，他发现母亲已经好转，心里对救他母亲的放鸭人和帮忙照料母亲的乡亲们非常感激，便一一上门酬谢。

后来，石纠怕母亲再次发生意外，便不敢离家远行。他就在家一边照料母亲，一边琢磨着为这些好心的乡亲们做点什么。一天，他在外面散步时，看见乡亲们养了不少鸭子，一打听才知道鸭蛋和鸭肉在当地并不值钱。于是，石纠想到了自己在宫廷里做菜的手艺。他把乡亲们饲养的鸭子拿来，做成味道极好的酱鸭和酱蛋（松花蛋的前身），远近四邻不管是谁吃了都说好。

然而在楚王宫那边，自石纠回乡以后，宫里的烹饪质量大不如以前，楚王吃饭时常兴趣索然。于是他令宫里的人四处寻访，终于找到了石纠，想请他再回宫里去做菜。可石纠为了尽孝，也为报答乡亲们，就请求来人帮他辞掉宫里的差事，还请来人带回去一些他制作的酱鸭和酱蛋送给楚王。

来人回宫复命后，楚王品尝了石纠所做的酱鸭，对此大加赞赏，也对石纠孝敬母亲、报答乡亲的事情赞不绝口。于是楚王下令，赐名酱鸭和酱鸭蛋为“贡品酱鸭”和“贡品酱鸭蛋”，常年制作生产，以供应楚宫。石纠靠着生产贡品带领乡亲们致了富，而这贡品酱鸭和酱鸭蛋的独特制作工艺也一直传到了今天。

现在，生产酱鸭的人已经不姓石了，在苏州做酱鸭最有名的是老牌熟食店陆稿荐。许多苏州人下了班，如果想吃酱鸭这一口咸鲜，便会赶到陆稿荐那里排队购买。要知道，那家店过了6点就关门了，想吃的话腿脚必须利索才行。

虽然陆稿荐一直是什么熟食都卖，如酱排骨、牛肉、叉烧、猪头肉、熏鱼、鸡爪等，可谓要什么有什么，样样都非常好吃，都是人们追捧的对象，但是酱鸭在陆稿荐的位置是任何卤味都不能撼动的。他家的酱鸭不但异常肥美，味道也非常独特，咸鲜醇香，入口软糯，瘦而不柴，所以最受人们欢迎。

不过，陆稿荐的名气太大，经常排大长队，尤其到了一年之中卤菜供应的最旺时节——冬至，但是还是有很多执着的吃货

们，宁肯冻得鼻头通红，也要买到那鲜香扑鼻的酱鸭，由此可见陆稿荐的酱鸭有多让人欲罢不能了！

园外楼饭店餐厅

地址　姑苏区留园路477号

电话　0512-85888588

苏式母油船鸭

船宴中的佼佼者

苏州菜向来以精巧精致著称，但有一道菜是个另类，它盘大碗深，很是特别，这道菜就是母油船鸭。为什么叫这个名字呢？这是因为在100多年前，太湖游船众多，船家只能在船上烧菜煮饭，以供游客食用。为了方便，船家往往将整只鸭子放进陶罐中煨制，这样做出来的鸭子原汁原汤，肉质酥烂，香味浓郁，深受船上游客欢迎。最初此菜出来时并无正式名称，游客便称之为“船鸭”，现在称“母油船鸭”或者“母油鸭”。

很多人搞不清楚这种船鸭里面的“母油”是什么。其实母油就是一种制作特殊、非常鲜美的酱油，属于苏锡地区的特产。这种酱油经天然发酵而成，要从夏天开始曝晒，到了秋天才能提取，所以有“伏酱秋油”的说法，也被称为“母子酱油”，在袁枚的《随园食单》里称为“秋油”。

母子酱油产自绍兴，据说始创于清康熙年间，已有几百年历史。这种酱油色泽棕黑，香味浓郁，咸甜适度，味道柔和，鲜美可口，并且营养价值非常高。据说它含有多种氨基酸、蛋白质、脂肪等成分。

母子酱油除了可以在烹调中使用，还可以用来制作一些腌制类的酱菜，味道也相当好。若是做凉菜或者蘸食蟹、鱼、蛏蛤、鸡、鸭等荤腥食物，更是别有一番风味。

母油船鸭选用这样一种味道极鲜的酱油，其滋味当然是一等一的好。不过，这个菜除了要选好酱油，鸭子本身也是这道菜成败的关键。一般来说，厨师会选用太湖的锦鸭，这种鸭子个头儿大、肥壮，最适宜制作船鸭。而且锦鸭的肉质较嫩，有丰富的油脂，在炖煮的时候可以使汤汁味道更加浓郁，口感更厚重。

在制作母油船鸭的时候，要选取整只鸭子，不可以将鸭子切开，因为只有鸭子外形不破，才能保证味道不松散。然后还要配以猪蹄和肥膘等物，加入母油慢火焐煨。

汤里的鸭子非常酥烂，红汤上面盖着的葱油虽厚却香，下面的清汤一点也不油，那香气和味道真是让人陶醉。

我吃过两次母油船鸭，第一次是在南京，那时对这种鸭菜全无认识，上来后吃了一口，只觉油腻，还有些鸭臊气，后来才知道当时吃饭的馆子做得不够地道。第二次吃是在苏州人气很旺的一家老字号饭店——园外楼饭店餐厅，这家的很多苏州菜都做得很地道，比如松鼠桂鱼、响油鳝糊，母油船鸭更是远近闻名。鸭子刚端上桌就散发出一股浓郁的香气，让人不由得想尝试一番。我受了上次吃这道鸭菜的影响，有点心理阴影，看着一圈人动了筷子也没有立刻去碰。旁边的阿姨笑着招呼我尝尝，我才鼓足勇气拿起筷子夹了块鸭肉，结果那酥烂鲜香的味道牢牢抓住了我的味蕾。之后我愉快地吃了不少鸭肉，连略显油腻的鸭汤

也喝了整整一小碗，吃完回去的路上一边不停回味那香酥的味道，一边责怪自己晚上不该吃那么油腻，可最终还是饮食的愉悦超过了自责，最后我彻底被这道经典的船菜给征服了！

吴门人家（东潘儒巷店）

地址 姑苏区东潘儒巷38号

电话 0512-67288041

蜜汁火方

咸中透甜的秦淮绝味

蜜汁火方是一道早已名扬中外的江浙名馔。它主要由金华火腿制成，色泽火红，卤汁呈蜜色透明状，火腿入口十分酥烂，味道鲜甜，具有开胃健脾、壮腰健肾、清肠排毒等调理作用。

要想做出正宗的蜜汁火方，选择好的火腿是第一步。最为讲究的做法是只采用整条火腿的中峰，切成一个方块。原因无他，只是因为火腿的中段肉质最为肥厚。

火腿切好以后，要将其清洗干净，适当洗去一些咸味。洗好后，放入汤锅里加水炖煮，等到火腿八成熟的时候取出，放在一边凉一凉，等它冷却以后，放进冰箱里冰一下，再取出，切成两厘米左右的厚片（要保证精肉仍然连在皮上）。

这时，将砂锅放在火上，将火腿厚片放进去，倒入鸡汤慢煮——这个过程主要是为了拔去咸味。如果尝了以后还是觉得味道过咸，就滗去原汤，另外加清鸡汤再煮，继续拔咸味，直到火腿厚片里的咸味完全拔净，这时再取出火腿厚片，放入另一个锅内，加清水和白糖，用文火煨煮约一个小时，直至卤汁呈蜜色浓稠状，就算大功告成了。

这道菜历史十分悠久，清代的袁枚就曾在他所著录的《随园食单》中介绍过有关蜜火腿的制法："取好火腿，连皮切大方块，用蜜酒煨及烂……余在尹文端公（江苏巡抚尹继善）苏州公馆吃过一次，其香隔户便至，甘鲜异常，此后不能再遇此尤物矣。"由此可见蜜汁火方与清代的蜜火腿之间很有渊源。

20世纪50年代，毛泽东主席去上海视察工作，当时的上海大厦曾专门邀请莫有庚、莫有源和莫有财三兄弟来烹制蜜汁火方，毛主席品尝了以后，非常满意，极口称赞，跟随毛主席的工作人员还特地找过莫氏兄弟询问具体的制作方法。一些品尝过蜜汁火方的外宾无不称赞它"菜式新颖，花样逼真，调味佳美，不愧为古国精美艺术"。

现代人重视养生保健，对于很多腌制食品颇为抵制，可是金华火腿的营养却很难被人挑刺儿。一般火腿制作时要经过冬夏的交替，肉质经过发酵分解，各种营养成分更容易被人体所吸收。而且火腿性温，味道咸鲜，有健脾开胃的功效，对于虚劳怔忡、脾虚少食、久泻久痢都有很好的进补作用。

现在苏杭菜馆在制作这道菜时，还会搭配松子仁和莲子。记得上次在吴门人家吃到的蜜汁火方里就有着非常丰富的内容。改良后的蜜汁火方既清香又很去火，吃起来味道也香酥软烂。一边吃着甜香醇厚的蜜汁火方，一边与老友闲聊。那油而不腻、酥中透甜的滋味儿在口腔中慢慢弥漫。

吴门人家（东潘儒巷店）

地址 姑苏区东潘儒巷38号

电话 0512-67288041

八宝鸭

鸭背的别有洞天

作为一个江苏人，我从小对八宝鸭的印象比较淡漠，只是对它有所耳闻。究其原因可能是我天生不怎么爱吃鸭子，再加上这道苏州名菜没有简便的包装，不去苏州根本没机会品尝到它的滋味，所以没有印象也理所当然，但自从去苏州吃了一回八宝鸭，便对它念念不忘了。

八宝鸭，顾名思义，就是一道以鸭子为主的菜，里面有8种东西：豌豆、火腿、虾仁、栗子、干贝、鸡肫、香菇，还有糯米。这8样东西不是放在汤里和鸭子一起炖煮，而是填在鸭肚子里，封好久煮。

这种做法和我吃过的韩国参鸡汤有异曲同工之妙，只是苏州的八宝鸭里面填的料更多，用的是鸭子而不是童子鸡。

过去，八宝鸭作为一种贵族饮食，是许多大户人家年夜饭中的压轴菜，据说是要摆在圆桌的中间的。它不仅外观金黄诱人，名字意头也很吉利，所以很受有钱人家的欢迎。

如果你现在在苏州某家酒楼里发现有八宝鸭，点的时候一定要估量一下自己的食量，若是人少建议多凑些人再来吃，因为两三个人想分食掉一只八宝鸭是有些困难的。

八宝鸭在选鸭子上十分讲究。旧时，人们会选野鸭作为主料，那滋味鲜美异常，可如今，野鸭乃国家保护动物，用来做菜当然是不行的，只能退而求其次用江南地区常见的麻鸭做主料。一般都是选一年左右的鸭子，这种鸭子的肉质很是肥嫩。

鸭子肚子里的八宝如何填进去也大有讲究。据说这填八宝的方法有许多种，但是现在的饭店以开背这种方式为主。

所谓开背，就是将鸭子的脊背划开，将八宝馅料一点一点填进去，填好以后，将鸭子扣在大碗里面，封好一层玻璃纸，再入笼蒸制。这样做成的鸭子，不但味道特别鲜香浓郁，而且形态十分丰满，外形还很美观。出锅以后再浇上用蒸鸭时留下的原卤所调制的虾仁和青豆，这道菜就更加丰富多彩且风格别具了。

吃八宝鸭时有讲究，先吃肚子里的填料，因为经过长时间的蒸制，鸭肚子里的糯米已经十分香甜可口，再加上其他一些配料的香味的融合，吃上一口会让人觉得人生顿时美好起来。一桌子人分食掉填料以后，便可以尝尝蒸得极烂的鸭肉。我个人原来不喜吃鸭子，主要是担心鸭臊气，但是八宝鸭经过了特殊的处理，每一口鸭肉都那么绵软浓香，完全没有了鸭子的古怪气味。

八宝鸭这款菜最适合一家人团聚的时候分食。想象一下，一家人围坐桌边，吃着喷香的鸭子，交谈着愉快的话题，那该是一种怎样的享受！

吴中区
美味跟随着时代而改变 >>>>>

风光旖旎的太湖，拥有“七十二顶半桥”的角直，依傍京杭大运河的宝带，建于秦末汉初的东村，这些或灵秀，或古远，或壮美的风景都浓汇在美丽的吴中。岁月流淌，唯有一些老味道在提醒着曾经的辉煌或者黯淡，低眉之间，你可曾听到种种美食的喃喃低语？

石家饭店（穹灵路店）

地址 吴中区木渎镇穹灵路1号

电话 0512-68527779

鲃肺汤

秋天享福吃鲃肝

苏州的木渎镇在历史上曾是一个十分繁华富庶的地方，乾隆皇帝六下江南，六次到木渎。而木渎除了美丽的风景，还有一道名扬天下的菜品——鲃肺汤。

据说，木渎的这碗汤已经有300多年的历史了。那这碗汤是怎样“走红”并名扬天下的呢？

那是1927年的一天，著名书法家、时任国民政府监察院长的于右任先生偕夫人到太湖赏花游玩。一行人坐船到了灵岩山脚下的木渎镇，时近中午，大家都饥肠辘辘，看见河岸上有家馆子，于是一行人就上岸进馆子就餐。这家馆子据说是清康熙五十五年（1716年）由石汉夫妻创办的石家饭店，以经营日常苏菜为特色。

一行人初来木渎，便请老板推荐菜品，当时老板看出来人身份不凡，便以店里的招牌菜斑肺汤、白汤鲫鱼和三虾豆腐等木渎传统名菜招待他们。没想到于先生尝了这道斑肺汤后赞不绝口，忙向店主打听此汤为何名。由于当地人说的是吴语，于老先生把“斑肺”听成了“鲃肺”，一时高兴，要来纸笔，挥毫写下了“老桂开花天下香，看花走遍太湖旁。归舟木渎犹堪记，多谢石家鲃肺汤”的诗句。

后来于老先生的诗句流传开来，有懂这道汤的人在报纸上写了篇文章，讽刺于老先生不认识“斑”和“鲃”，还因此引发了一场笔墨官司。可谁承想，报纸上的这场辩论，把“斑肺汤”的名声越炒越大，最终这道汤成了名扬大江南北的一道珍馐。现在，不但“斑肺汤”的说法被“鲃肺汤”所取代，这汤也成了人们争相品尝的美味佳肴。

那这道汤里的鲃鱼（斑鱼）究竟是一种什么样的鱼呢？鲃鱼是一种光滑无鳞，腹部呈白色，有细刺，背部青色且有斑纹的鱼。它的外形有些像河豚，但体型极小，只有两三寸大，也叫小河豚。这种鱼有时可以鼓气，像球似的浮于水面，是太湖的一大特产。这种鱼肉质很细嫩，味道极鲜美，鱼肺（“鱼肝”的俗称）做汤尤其好吃，肥嫩而爽滑。据说早在清朝时期，这种鱼的肴馔就流行于苏州地区了。清人袁枚的《随园食单》里有记载：“斑鱼最嫩。剥皮去秽，分肝肉二种，以鸡汤煨之，下酒三份、水二份、秋油一份。起锅时加姜汁一大碗、葱数茎以去腥气。”

吃鲃肺汤据说也是有一定讲究的，有个说法就叫“冷肝热汤”。吃这个汤有四个步骤，分别是“置、赏、品、味”。“置”就是把鱼肝从汤里捞出，放在一边让它冷却。斑肝在冷却的时候会产生一些小的气泡，那是斑鱼的鱼肝油在往外渗出。观察鱼肝油渗出来的过程就是所谓的“赏”。等到鱼肝完全冷却以后，用嘴唇去抿鱼肝，因为这种鱼肝不可以咬，只能抿。抿即“品”的过程。最后趁着鱼肝的肥美味道还在口腔里回荡，趁热把鱼汤喝下——这就是“味”。

如果你有幸来到木渎，可以去颇负盛

名的石家饭店点上一碗鲃肺汤，在品尝鱼肉的细腻和鱼肝的肥美之时，也能体会到何为“不枉来吴中”的意境！

王氏双塔烧饼

地址　吴中区唯亭镇唯华路金沙广场1栋101号

电话　18858671808

油氽紧酵

外脆内松的『兴隆馒头』

“油氽紧酵”读起来有些拗口，是苏州的一种时令小吃。

“紧酵”在苏州是指一种发酵不充分的面皮，这种面皮因为在揉制面团时酵母添加得不多，所以蓬松度和柔软度跟包子皮比起来要差一些，口感十分紧实，不适合直接食用。

老苏州人也把紧酵叫作紧酵馒头，这种叫法和其他地方不同。其他地方的人一般把没有馅儿的叫馒头，有馅儿的叫包子，可是苏州人把有馅儿的叫馒头，反而把那种没有馅儿的叫作包子，而且前面还要加个“大”字，叫大包子。

由于紧酵发酵得不充分，所以外表看起来皱皱巴巴的。不过，把紧酵放入热油锅中一氽，它又会在高温的作用下膨胀起来，这种小食就叫油氽紧酵。

过去，一到冬季紧酵就该上市了。那些卖点心的苏州老店，常常在门口支起一口很大的油锅，现做紧酵。氽紧酵时一般都是炸两遍，常常是油锅上架着一个铁丝网，上面码放着蒸好的紧酵，有顾客买时就开始炸。炸第一遍时，紧酵在热油的作用下已经膨胀起来了，但颜色还比较淡。此时要将膨胀起来的紧酵捞起，放在铁丝网上凉一会儿，待它的温度降下来以后，再放入油里炸第二遍，这时漂浮在热油中的紧酵看起来就是金黄色的了，而且香气四溢，老远就能闻到它的香味儿。

经过油氽的紧酵色泽金黄，外脆内松，里面包裹着鲜肉馅儿，咬一下，既热又脆，还满口留香，那鲜美的滋味让人终生难忘！

氽好的紧酵个头儿不大，在过去极讨人喜爱。以前的苏州本地人盖房、搬家、过春节，都会买些紧酵送礼，因此它也被称为“兴隆馒头”。作为礼品出售的兴隆馒头，一般会被店家用一种扁扁的竹篮盛放，竹篮用油纸铺垫，一个竹篮能装二三十个兴隆馒头，装好后，上面还会盖上一张红纸，最后再用绳子扎好便可提走送人了。

现在，吃紧酵馒头的苏州人不多了，用油氽紧酵送礼的更是少见，以至想买到油氽好的紧酵馒头很不容易。我们竟然在吴中区金沙广场的“王氏双塔烧饼”店里发现了这道慕名已久的美食。只见它金黄松脆，咬一口下去，满口留香，口味上乘。如果你是第一次品尝，相信你一定会爱上那香喷喷的滋味。

杜三珍

地址　吴中区郭新西路169号

电话　0512-67237833

苏州熏鱼

年夜饭上的年年有余

没有吃过苏州熏鱼的人，单从字面上，一定会以为这种鱼是吊在火上用烟“熏”出来的。可是见过、品尝过这道菜之后，就会发现它并没有想象中烟熏的味道，再深入了解，便会知道，现代的熏鱼和真正的“熏”几乎没有什么关系。

一般适合用来制作熏鱼的是草鱼，如果不喜欢草鱼，也可以选用其他肉质紧实的鱼。制作时，首先将鱼开膛洗净，然后切成五六厘米厚的块，将切好的鱼块用各种调料腌制一整夜，腌好后的鱼块入油锅炸，炸至鱼块呈金黄色即可。如果喜欢，还可以在鱼块上浇点调味汁。

从这个制作过程可以看出，现在的熏鱼并没有经过熏制的过程，那为什么它会被称为熏鱼呢？

其实，熏鱼自古就有。古时候为了能更好地保存食物，除了腌制和烟熏，几乎没有其他更好的办法了，像熏肉、熏鸡、熏鹅等，都是依靠古时流传下来的烟熏法制作出来的。到了近代，有了冷冻保鲜的方法，相对麻烦的熏制方法便慢慢被人们弃用了，现在中国只有很少的地方还保留着烟熏这种制作肉食的工艺，多半也不是为了保存食物，而是为了烟熏的味道与口感。

熏鱼制作中“熏”的技艺其实到清代还一直保留着，那时候是用柏树枝或者荔枝壳来熏制，到了清朝晚期又改用茶叶或大米熏制，只是到了现在熏制的过程才完全被略过了。

现在除了可以自己在家制作熏鱼，有时也可以在饭店中吃到熏鱼，饭店的这种熏鱼和家里做的基本无异，只是味道更重、炸得更酥而已。有些售卖熟食或干货糖果的老店也会制作熏鱼销售，味道也相当不错，像老店杜三珍家的熏鱼就一直受人们喜爱。这种店里包装好的特产是最受游客欢迎的。

其实，讲究按时令制作美食的苏州人认为，苏州熏鱼的最佳制作时间是在冬季。这个过程比较长，通常要几天的时间。等鱼块腌制好了，就要开火炸了。自己家吃的熏鱼，要求没有那么高，一遍就可以出锅，鱼肉也是很酥的。不过，这么多年来，我仍然觉得熏鱼凉吃更有滋味，配上白粥更是回味无穷！

街头小吃

地址　吴中区灵山路美食街
电话　无

油墩子
街头叫卖的萝卜丝饼

江浙沪等地有一道很多人难以忘怀的街头小吃，那就是油墩子。苏州、上海人管这小吃食叫油墩子，苏北叫油端子，杭州叫油墩墩儿，宁波叫油饷，到了江西则叫油炸馃……名称各异，却是同一个东西，从形态到内容都差不多。

油墩子根据馅儿料的不同可分成三种：萝卜丝油墩子、红豆沙油墩子和肉馅儿油墩子。据说，上海地区的人偏爱的是萝卜丝馅儿的，而苏州地区的人多喜欢肉馅儿的。

和油条、大饼、粢饭团相比，油墩子制作时需要拉开的架势要小得多，也简单得多，往往一个小炉子和一口小铁锅就足以撑起一下午的买卖。这种买卖常让人联想到那些江南的中老年妇女，她们通常衣着朴素，但干净爽利，在人多热闹的地段支起一只锅子，应付再多的顾客也照样手脚麻利，从不手忙脚乱。你看到她们时不会像在饭店里吃饭那样总琢磨“这油是不是地沟油？”“菜新鲜干净吗？”“肉馅儿是不是当天现做的？”之类倒胃口的问题。这些阿姨就是油墩子最好的代言人，你在她们面前，只会馋得流口水和焦急等待。你眼巴巴地瞅着她们把一个个鼓鼓的油墩子丢下锅，炸得金黄，一捞出来便赶紧伸手去接，也顾不上烫，先咬上一口再说，弄得这些阿姨满面含笑地劝道：慢些，不要烫到！

说到这儿，也许有人会认为油墩子应该出现在早点铺子里才合适，可惜江浙沪一带的人压根儿不把这东西当作早点，而是当下午肚子有些“咕咕”叫时吃的点心。那些做早点的摊子中午就收摊了，把市场让给油墩子们，各得其所。

现在，在苏州街头想找一个做油墩子的小炉子太难太难了，毕竟，油烟的产生会影响环境。所以，如今想吃油墩子，只能找一家像样的店铺进去坐下吃，但是那种味道怎么能和路边小炉子里做出来的相比呢？

吴珍堂

地址 吴中区木渎镇山塘街55-2号

电话 0521-66381790

糖粥

红云盖白雪

糖粥是苏州、上海等地的传统小吃。提起糖粥这种小食，一些上年纪的人的耳边常会响起那吆喝声“笃！笃！笃！卖糖粥；三斤胡桃四斤壳……”显而易见，糖粥以前是那种走街串巷贩卖的吃食，因为它甜，很多孩子尤好这口。现在糖粥已经不会在路边贩卖了，不过，一些卖早点的小店会在早上卖糖粥，人们对它的热爱并不输过去半分。

糖粥好吃，做起来也不难。粥所用的米并不是只有粳米，而是要掺杂着糯米一起熬。有的店家熬米粥时会往粥里加块姜，据说是为了让粥里的米不沉底，黏稠度更好。熬米粥时，火一定要小，慢慢煮，边煮边搅拌，中间添加一些桂花干或者成块的糖桂花，以增加香气。糖粥上放的豆沙一般都是事先熬好了的，客人点糖粥时再把豆沙加进去，所以糖粥有“红云盖白雪”的美称。

旧时，糖粥摊子主要集中在玄妙观，这是个比较有名的旅游景点，吃的、喝的、玩的一应俱全，赶上有市集和庙会的时候，会更加热闹。

据说，在玄妙观附近，有一个糖粥摊子十分有名，摊主是一个叫秦福元的人，这人早年并不经营糖粥摊子，而是外出学艺，只是一直不能出头，便又回到家中，操持摊子上的事。这人在外游历多年，为人处世圆滑老练，生意也做得精明，所以他的糖粥摊子很有名气。这秦家依靠一个小小的糖粥摊子，买院子，买红木家具，很是了得。

不过，那个年代的糖粥上的豆沙浇头并不是如今这样的纯豆沙，而是一种叫作“焐酥豆”的小吃食，并且粥是粥的价钱，酥豆是酥豆的价钱，两者并不合起来卖。当时这种焐酥豆并不是用红豆做成的，而是用蚕豆加碱面烧烂而成，其营养成分不能和现在的红豆沙相比。不过，在那个年代，吃糖粥的多半是劳苦大众，于他们而言，能吃上一碗酥香豆子配甜粥，已经是莫大的欢

愉了。

说起这糖粥的味道，以前一个老苏州的朋友曾跟我抱怨，说现在的糖粥一点儿不香甜，不像他小时候，吃一碗糖粥能想上半个月。

我一听也乐了，心想，现在的糖粥都是煤气灶上煮出来的，怎么能和以前用小炉子熬出来的相提并论呢？那个在玄妙观摆摊子卖糖粥的秦福元，他家的糖粥据说就是他老娘和他媳妇用吹火筒一口一口吹出来的，而且那时对木柴还有讲究，现在根本没法比。据说秦福元的老娘和媳妇就是因为吹了一辈子火，老年都瞎了眼睛。

现在，糖粥作为苏式甜品的代表，因制作步骤简单而在苏州很常见。当然，如果你对探寻老苏州味道有兴趣，可以去一些热闹的街道。据说山塘街上有售卖的，还有一些游人如织的步行街上也偶尔有摊子在卖，可以去尝试一下。

得月楼

地址　吴中区木渎镇金山南路288号苏州国际影视娱乐城9号楼

电话　0512-67287828

鱼味春卷

鱼味浓郁的江南小食

春卷本是一道家常菜，南北皆有，都是以一张面饼卷裹一些菜馅儿，用蛋液封口，入油锅炸成金黄。北方一些地方的春卷常用韭菜做馅儿，味道很是鲜美。有些地方的春卷里面包的是各种菜丝和鸡蛋丝，也非常好吃。苏州的春卷和这些地方的春卷不太一样，里面所用的馅料是江浙地区常见的鱼肉，叫鱼味春卷。

苏州鱼味春卷的馅儿是用鲈鱼肉辅以虾仁制成的，鱼味浓郁。这春卷的馅儿极富苏州地方特色，它的皮的烙制也堪称一绝。厨师一手拿锅，一手抖动面团，一掀就是一张，动作干净利落，绝不拖泥带水，烙出的春卷皮薄如纸，圆如月，透明而柔软。

皮制好后，还要经过调馅儿、包馅儿、炸制等工序。调馅儿时，首先要把鲈鱼的鱼肉剁成小粒，放入盐和鸡精，用手按顺时针方向搅拌鱼肉，直到鱼肉打上劲。在搅拌的过程中，要边打边加鱼骨汤。这鱼骨汤可以用剔下肉后的鲈鱼骨炖制，鱼骨汤渗入鱼肉会使鱼肉馅儿的味道更鲜美。鱼肉馅儿搅好之后，拌上香葱的碎末。接下来，把春卷皮铺好，放上鱼肉馅儿，卷成长条，蘸上些芝麻，放到油锅里炸成金黄色时就可以捞起了。苏州人吃春卷的时候喜欢配上一碟香醋，既能去掉油腻，又可以提升鱼肉的鲜香。

春卷的皮非常薄，所以炸好后的春卷看起来非常透亮。品尝时，轻轻咬破一点春卷皮，那鲜美的汤汁便一下涌出来，充满整个口腔，让人从心底感到满足。有人这样评价鱼味春卷："春卷忒香，芝麻其上，鱼蓉做馅，不可不尝。"

据说，鱼味春卷看似普通，却曾在央视的"满汉全席擂台赛"上获得过"金牌菜"的殊荣。

现在，去苏州若想吃地道的鱼味春卷，可以到苏州老字号"得月楼"去试试，他家的鱼味春卷制作精致，味道纯鲜，一派老苏州的味道，尝过的人都赞不绝口。

记得一次我去苏州，朋友招待我和其他几位朋友，选的就是得月楼，当时大家嚷嚷着要尝尝地道的苏州菜。朋友点了几个特别有名的菜，然后有个北方来的朋友叹了口气说，好久没有吃春卷了，估计这东西江南没有。朋友一听马上安慰他，说有春卷。结果这道鱼味春卷还上得挺快，这位北方来的朋友一尝立刻赞不绝口，差点要盘问服务员这个春卷怎么做，弄得一桌子人笑他是地道的"吃货"。

蒸灶十八碗

地址　吴中区木渎镇金山南路 288 号苏州国际影视娱乐城 3 号楼 1 层 C116 号

电话　暂无

蟹粉狮子头

萦绕舌尖的清淡鲜香

蟹粉狮子头属于淮扬菜系里的代表，重选料，重刀工，也重火候。这道菜吃起来清淡鲜香，对病弱体虚、胃口不好的人来说是非常好的选择。

据说这道菜的来历和隋炀帝有关。当年隋炀帝乘船南下，沿着大运河一路游山玩水，在饱览美景的同时还不忘搜罗沿途的各种美味。《资治通鉴》上记载："所过州县，五百里内皆令献食。多者一州至百舆，极水陆珍奇。"到了扬州，隋炀帝陶醉于扬州的美景，龙心大悦，就命令扬州的主事献上一道能和这美景相配的珍馐来。皇帝一声令下，扬州的厨子们可着了急，最后费尽心思，终于弄出了几款新鲜珍奇的菜肴，其中就有这道蟹粉狮子头。不过，那时这个菜叫葵花斩肉。

为什么叫葵花斩肉呢？史书上记载，"肉以细切粗斲（同"剪"）为丸，用荤、素油煎成如葵黄色，俗云葵花肉丸"。原来，这葵花斩肉不过是用剁碎的肉馅儿做主料，然后团成圆形再进行烹饪的大肉丸子罢了。

后来，人们觉得这肉丸子个头儿大，表面又凸凹不平，看起来毛毛糙糙的，跟狮子头似的，就给它取了个很平民化的名字，叫“狮子头”，这道菜便没了原来名字那附庸风雅的酸气。

这道菜在制作的时候，最麻烦的不是做肉糜，也不是慢炖的过程，而是蟹粉的制作。拆蟹粉是一项非常耗时又产出极低的工作。平常人们吃螃蟹尚且觉得不容易，更何况要挑出来很多蟹肉、蟹膏。蟹粉的价格向来居高不下，主要是人工的复杂造成的。蟹粉若是准备妥当，那剩下的工作就好完成了。

肉要选取猪肋条的部分，那种肥七瘦三的五花肉最好。要先把肥肉和瘦肉都切成细丝，再切成碎丁，最后用刀来回斩一斩。加入其他辅料和调味品之后，就可以把它团成大丸子，在肉丸的顶上蘸上蟹粉，放在高汤里，盖上叶子，以防汤面上的狮子头变干变色。大火烧开转小火，炖煮2个小时就可以了。这样做出来的狮子头肥而不腻，入口即化，蟹粉鲜香，吃一口，那香味一直萦绕在口腔中，回味不绝。

狮子头很有名气，吃起来也方便，所以到处都可以看到它的踪影，连食堂这样的地方都经常有卖。我在国际影视娱乐城的蒸灶十八碗里尝到了正宗的狮子头。当时正值深秋，狮子头中的蟹粉味道非常香醇，连汤都无比好喝。

人说苏扬地区有“三头”，拆烩鲢鱼头、扒烧猪头、蟹粉狮子头，我觉得，这三样里面，蟹粉狮子头是最值得尝试的一道名肴。

石家饭店（穹灵路店）

地址 吴中区木渎镇穹灵路1号

电话 0521-68527779

草头圈子

清爽香糯，肥而不腻

草头是上海话，苏州人管草头叫金花菜，其实说的都是一种东西——苜蓿。圈子是江浙一带方言，指的是猪肠。

一种是鲜绿素净的蔬菜，一种是肥腻重油的下水，能把它俩结合在一起的，恐怕也只有江南人了。

关于草头的做法，江南地区有许多种，如生煸草头、酒香草头等，花样繁多，但是把草头和猪肠放在一起烹饪确实让外地人感到匪夷所思。其实，草头圈子是结合了生煸草头和红烧圈子两个菜。

我打小就吃生煸草头。这道菜鲜糯香嫩，色泽碧绿，家家户户都会炒，只要有草头的嫩叶子就足够了。油放足将草头放锅里爆炒，一断生就立刻出锅，片刻也不要耽搁，这样炒出来的一盘素草头色香味俱全，是不可多得的美味。

红烧圈子做起来则非常麻烦。选料时最好选猪的直肠，据说直肠的弹性好，而且好收拾。当然，如果不是很能接受直肠，选大肠也可以，但是口感会差一点，而且大肠形状弯曲，不太好收拾。洗猪肠是个技术活儿。首先要把猪肠完全翻过来，彻底清洗掉肠油和污物。然后用盐、面粉、醋对肠子进行反复搓洗以去掉上面的腥气。洗净后，再把猪肠翻回来，放到锅里，加入葱、姜和黄酒，加水煮到猪肠八成熟时捞出，待它冷却了再切成两三厘米的小段，这就是圈子。这时把圈子放进锅里，加酱油、姜末、葱段、黄酒、白汤、水煮开再改成文火，等到汤汁收得差不多了，再加糖，开大火，翻动锅里的猪肠，汤汁收干了就可以出锅了。

做草头圈子时，一般是在圈子炖煮到最后的时候再煸草头，草头做好后铺在盘底，圈子放在上面，这样圈子的油水就被下面的草头吸光了，吃起来又香又糯又油润，但是绝不腻口，还弹性十足，有嚼劲，让人有吃一口便停不下来的冲动。垫在下面的清淡草头吸足了油水后更加滋润鲜嫩，还有一股异香。

以前一个老上海人回忆起小时候吃过的草头圈子，那个神往的表情我至今难忘。想来在那个吃什么都要凭票供应的时代，一年中不知有几次能做上一顿这样油水丰足的草头圈子。而且以前用的都是地道的野菜，吃这个菜也要等时令到了才有，所以这个菜的两个主料的相遇在那个年代也是一件挺不容易的事情吧。

漫步在苏州街头，穿梭在这座古城的大街小巷之间，总能发现各种惊喜。上次在苏州的吴中区闲逛时，就在人气很旺的石家饭店里邂逅了一份草头圈子，嚼劲十足又不腻口，完全是记忆里的儿时味道。

时值秋日午后，在一片江南风景中，我迎着斜阳，静静地坐在店内小桌旁，慢慢品咂这道美味，这香润的味道让我的内心也于顷刻之间变得异常柔软，种种滋味萦绕于心头，挥散不去。也许，这就是一份对逝去青春的追忆吧。

金色天堂酒楼

地址 吴中区光福镇塔山路工艺文化城12栋

电话 0512-66951118

醉蟹

生鲜美味，难觅芳踪

江浙地区普遍都有食醉蟹、醉虾的习惯，这一方面是因为江浙地区水系发达，河鲜丰富；另一方面跟这些地方储存食物的方式有关。

据传醉螺和醉虾出现得比较早，醉蟹稍晚，大概出现于明朝洪武年间，当时的渔民在捕捞河鲜的季节会捕获大量的河蟹，这些螃蟹虽然膏肥肉美，但是有时还是会卖不掉。有些渔民觉得，这些螃蟹这么美味，任其死掉太可惜了，便仿照醉虾的做法，也用黄酒把螃蟹腌起来。十来天后，开罐一吃也是鲜美无比，于是这种螃蟹的制作方法便慢慢地传播开来。到了洪武后期，江浙一带开始出现醉蟹的加工坊，一些商人为了获利专门到渔民手里收螃蟹，制作醉蟹出售，这种鲜美的小吃从此就流传开了。直到现在，醉蟹仍是江浙人桌上不可缺少的一道美味。

醉蟹的制作并不复杂。在选材上，我个人偏爱小螃蟹，因为大螃蟹壳厚不易入味。将买回来的小螃蟹刷洗干净备用。下面要准备的配料正凸显了苏州醉蟹和其他地方醉蟹不同的地方，比如一定要备好一坛上好的女儿红，以及苏州菜不可缺少的冰糖。制作的程序和其他地方醉蟹相比没有什么不同，都需要炒制花椒和盐，炒好后取出凉凉。从脐盖处挤出污秽，在里面放入盐和一粒花椒，合上脐盖后以一个蟹爪尖插入固定即可。取出腌蟹的罐子，在里面注入酱油、黄酒、冰糖以及姜块、拍扁的蒜粒，最后放入螃蟹，将口密封。7天到10天，醉蟹就腌制好了。取出一看，蟹壳呈青色，略泛黄，味道有些甜，酒香扑鼻，蟹肉软嫩无比，那股鲜香让人难忘。

10月的一天，突然很想吃醉蟹，所以着意寻找了一番，结果在吴中区的一个小镇上，找到了一家叫“金色天堂酒楼”的饭店，里面正好有醉蟹。一般来说，江浙地区的醉蟹是不上席面的，属于家常菜，超市、市场都有卖，质量和味道也不会太差，完全可以买回家一享那鲜美的滋味。但是我那天实在不想自己动手，就下定决心寻一个解馋的地方，没想到还真找到了，环境也相当不错。

醉蟹还在服务员手中盘子里的时候，我就已经闻到了它的酒香，当时正值晚秋，空气中已经有些凉凉湿湿的感觉，那股酒香也带着冷冽之气。服务员将盘子往桌上一放，满满一盘子的青壳大蟹，和我想象的小蟹有点出入。但是这并不能动摇我要尝它的决心。我拿起一只蟹，掰下一条腿，熟练地一咬一吸，那股甜香咸鲜的味道让人拍案称绝。

有一年，同样嗜吃醉蟹的上海出台了醉蟹、醉虾的销售禁令，还好苏州并没有亦步亦趋，还有醉蟹可买。这满口酒香的生鲜美味哪里是那么容易割舍的呢！

乾生元

地址　吴中区木渎镇东街95号

电话　18601441202

苏州麻饼

纯正肥甜的汉族名点

苏州的麻饼个小名气大，很多人即使没来过苏州，也对苏州的麻饼早有耳闻。

老苏州人在过去是把麻饼当茶食来品尝的，一壶热茶，一碟麻饼，再要两盘话梅和瓜子，足可以消磨一个下午的时光了。甜点配茶饮是一种绝妙的享受，常喝茶的人应该能体会到这其中的精妙。而且说起来，苏州人的这点爱好和英国人的下午茶还有点儿相似，都是在苦涩中搭配一些甜蜜，就像人生，虽然辛苦，但其中也有美好，幸福而满足。

很多年前，在父辈们的那个年代，苏州麻饼是不少小孩子翘首以盼的小奢望。在那个生活俭朴、物资匮乏的年代，若有人出差到苏州，捎一些麻饼回来，那简直比过年还要开心。记忆中的麻饼香甜软糯，一口咬下去，肥甜鲜美的滋味会让人从心底升起一种满足感。

如今，点心早已不是什么稀罕的东西，甜的、咸的、辣的……各种口味的都有，可谓要什么有什么，但是苏州的麻饼仍然顽强地占据着点心界大佬的位置，究其原因则不得不说说它的做工。

说起苏州麻饼，有两家店非常有名，一家是乾生元，另一家是湘城老大房茶食店。这两家店的历史都十分久远，只不过乾生元起家最早，老大房茶食店属于后来者居上，但两者之间的差别并没有多少。

其实麻饼这种食物，制作技术已经成熟并广为人知，原料也都是大家所熟知的面粉、红豆、黑枣、桂花、猪板油、松子、白糖、白芝麻等。做工考究是麻饼好吃的关键。

说到这麻饼的做工，还有一个关于乾生元的传说，讲的就是他家是如何以质取胜的。

据说，在清朝年间，苏州木渎镇上有个糕饼摊，常年贩卖一些“串芯饼”和“老爷饼”，但是生意并不怎么好，原因很简单：摊主为人悭吝，做饼时原料总是放得太少，口感差，生意自然也就不行。后来这糕饼摊情况越来越差，摊主没有办法，只好找来自己当年做学徒时的师兄过来帮忙。他的师兄欣然应允，重新研究他做的糕饼有什么问题，研究之后发现这摊主的饼皮厚、馅儿少、糖不足，吃到嘴里干巴难嚼，难怪人们都不买。于是师兄一改这摊主的作风，从面皮到馅料，甚至做饼用的油、糖都加到足料，结果没过多久这摊主的糕饼摊就声名鹊起。而这个糕饼摊就是乾生元的前身。

从这个小小的传说中不难发现，一个产品的好坏乃至它存活的寿命与它的质量息息相关。虽然麻饼的原料稀松平常，但是放足了料和原料短少，结果是完全不一样的。至于这饼在制作时的大小、布麻密度、皮馅儿的比例等都不是重点和关键。

当你拿起一块苏州的麻饼，看着它那金黄的色泽、饱满油亮的芝麻，品尝着里面黑枣的

甘甜、松仁的清香以及糖渍板油的脂香，便能领悟到为什么这么一个小小的圆饼竟能传承几百年。

馋胖肉蟹煲

地址　吴中区独墅湖邻里中心 3L

电话　15250456881

金丝凤尾虾

上白下红，宛如凤尾

以虾入馔，常见的方法无非三种：要么留下虾壳，用整只虾做菜；要么去掉壳，用虾仁做菜；要么把虾肉剁成虾肉泥，打上浆，做成虾丸或者虾滑。但是，凤尾虾是去掉虾的上半身虾壳，单留下后半段带壳虾尾做菜。这样做出来的虾，虾尾鲜红似火，好像凤尾，凤尾虾由此得名。

一次在苏州，去一个朋友家做客，朋友的妈妈很会做菜，见家里来客人，便早早地在厨房忙活起来。我凑过去一瞧，阿姨正在处理活虾，一问是要做凤尾虾，就饶有兴趣地在一旁观看做法。

阿姨手脚麻利，先把新鲜的河虾去头去壳，单留下最后的虾尾，然后一个一个挑出虾线，反复洗了几遍。去虾壳留虾尾不算技术含量太高的工作，我也上手试了试，不过并不是很顺利，总有连虾尾一起去掉的危险，可见老话说得好，看着简单做着难啊。收拾好了虾，阿姨取出豌豆，在已经烧开的水中焯了一下，焯水后的豌豆比生的更翠绿，煞是好看。这时阿姨把洗净的大葱切段，只留下葱白的部分。之后把沥干水的虾倒入一只大碗里，放入蛋清、干淀粉、盐，顺时针搅拌，使其上浆。这时，锅里放油，用的是熟鸭油，油到五成热的时候放入虾，来回翻炒，虾肉变白、虾尾变红时捞出沥油。锅内留底油，煸炒一下葱段和豌豆，再加入鸡汤、盐、料酒，煮开后加湿淀粉勾芡，等到芡汁熟透后，再把虾放进去翻炒几下，使虾整个裹上芡汁，最后淋点明油就可以出锅了。

阿姨做这道菜时手脚甚是麻利，看得出是多年做菜练出来的。那盘凤尾虾浓香扑鼻，十分艳丽，是那天桌上的一道大菜，大家吃得十分尽兴，对阿姨的手艺是赞不绝口。

后来我在外面也吃到过凤尾虾，不过是油炸的。一般是在虾外面包上面粉然后油炸。精细点的话会先把虾仁剁成泥或膏状，把土豆切丝并炸熟，再以虾泥包裹只留下虾尾的虾肉，在上面裹上炸过的土豆丝，最后放油里炸熟。这样做出的虾叫“金丝凤尾虾”。个人认为用油量太大，只适合饭店制作，虽然味道不错。

不管用哪种方法制作凤尾虾，都和一般的虾仁制作方法没有太大的区别，只是外形更漂亮，适合待客，也算是江南地区比较艳丽的一道菜品。

一日，慕名来到传说中很火爆的“馋胖肉蟹煲”饭店，这家除了蟹煲做得地道美味外，金丝凤尾虾也很有名。刚进去我就点了一道金丝凤尾虾，等了没多久，菜端上来，我立马被它的外观吸引住了。浅浅的白瓷碟子中，黄灿灿的十余尾凤尾虾围成一圈，虾尾如凤尾般俏立。盘子的中心摆着一个千禧果，使整道菜看起来更加赏心悦目。我夹起一只凤尾虾，咬了一口，外酥里嫩，虾肉饱满，层次尤其分明。

千百年来，苏州古城风起云涌，曾上演了无数或美好或凄凉的故事。然而，在烟雨朦胧之中，一切故事都化作了云烟，只剩如水墨画一般的缥缈之美。在苏州众多以口味清淡、甜腻雅致见长的菜肴之中，这道金丝凤尾虾就如同一朵俏然而立的莲花一般，在迷蒙的烟雨中绽放出一抹亮色。

相城区

一方水土孕育一方美食

相城区的历史源远流长，在漫长的历史更替中，这方水土养育了追求精致闲适生活的人们，也孕育了这里的一方美食。

黄天源糕团

地址　相城区齐门北大街439号

电话　18912787656

青团子

清明时节的草本美食

“一月元宵，二月二撑腰糕，三月青团子，四月十四神仙糕，五月炒肉馅团子……”许多苏州的小孩子都是听着外婆嘴里的这个顺口溜长大的。

苏州的点心应时而出，每个月份都有对应的糕饼可吃，想想苏州小孩子们的童年应该是很幸福的吧？

青团子这种苏州的小点心是用糯米粉掺进青菜汁做成的，碧绿的面团里包裹着白糖豆沙猪油馅儿，从颜色到吃下去的口感都让人感到一股春天的气息。

从前，青团子是江南地区清明节扫墓时的祭品，那时的青团面皮是粳米掺杂着糯米做出来的，豆馅儿也制作粗糙，一般是农民自己留着吃的，所以算不上精致。

做青团时可以用青菜汁或南瓜叶子的汁来为青团子染色。但是，最正宗的是使用浆麦草（又名野小麦），这种浆麦草在江南的河岸、水沟、田埂上有很多，是一种常见的野生植物，味道浓，用它做出的青团特别清香，吃到嘴里是香中带甜的滋味。

正因为浆麦草随处可见，所以青团子制作起来就比较方便，有的人开始琢磨将这种原本用来祭祀的食物制作得再精细些，然后在应季的时候将它当点心售卖，由此青团子慢慢变成了江南的一道有名的糕团。

青团子清香、好吃，但为何和祭祀这件事有关呢？原来最早的时候，青团子与传统的寒食节有关。据说寒食节原本是为了纪念春秋时的一位义士介子推而设立的。故事是这样的，晋国公子重耳曾身为质子常年过着流浪的生活，在这段痛苦的日子里只有介子推经常照顾他，从不嫌弃他，也从未出卖过他。后来，重耳回国即位成了国君，想回报介子推。可介子推却不想要任何回报。但是重耳并不放弃，还是多次上门恳求介子推接受他的感激之情，介子推一看实在难推辞，便带着他的老母亲逃入深山。重耳一听介子推为了躲自己竟逃到了山里，也生气了，一声令下，让人放火烧山，心想看你介子推在山里还待不待得住！结果介子推被活活烧死在了山里。重耳这时才意识到自己一时意气用事，铸成大错。悔恨万分的重耳便下令在介子推死的这一天，也就是距离冬至105天的这一日为寒食日，禁止民间起炊火。

后来，寒食日便以法律的形式被固定了下来，规定“寒食三日”。这个禁热食的规定，竟让苏州人创造了这样一种精致的小食，使这原本有些压抑的日子，多了丝初春的甜蜜。

一日，与老友闲聊，我无限感慨，如今的苏州城，恐怕很难再尝到儿时那般清新、自然的青团子了。友人听后神秘一笑，第二日就驱车载我来到百年老店“黄天源糕团”，不知道什么时候相城区竟然也开了一间分店。这家分店人气也很旺，排了很久的队才买到青团子。

刚拿到青团子，我就迫不及待地吃了起来。绵软而不失清香的青团子，让奔波劳碌昏昏欲睡的味蕾一下子就苏醒了过来。

也许，人与美食之间也存在着缘分之说。有时候，一口儿时的美味会在一个人的心头羁绊多年，而一场偶然间的邂逅则能唤醒味蕾所有的记忆。这时味蕾的享受已经不重要了，倒是那份远逝的情怀让人动容不已。

莲花岛蟹农舫

地址 相城区莲花岛北码头中舍3号

电话 15962256783

清蒸大闸蟹

纯天然的人间至鲜

阳澄湖大闸蟹大概是苏州最负盛名的一道美食，连章太炎的夫人汤国梨女士都说："不是阳澄湖蟹好，此生何必住苏州。"可见这大闸蟹的美味确实不一般。

现在，大闸蟹已经不是只有在苏州才能品尝到的美食了，一到季节，各种店铺、超市、网店，到处都有贩卖。虽说真真假假，不都是真正的大闸蟹，可是以我这种不太挑的脾气，它们的滋味差别没有那么大，毕竟螃蟹吃的是时节。俗话说："秋风起，蟹脚痒，九月圆脐十月尖。"意思是说，农历九月的时候要吃雌蟹，因为这时的雌蟹黄满肉厚；到了十月要吃雄蟹，因为这时的雄蟹膏足肉坚。可见吃的时间对了，总能尝到那丰腴香满的滋味。

阳澄湖大闸蟹不仅名气大，传说也很多，在众多版本的传说里，我特别喜欢一个叫"夹禾虫"的故事，非常有趣。

根据这个故事，螃蟹原名"夹禾虫"。在很久以前，太湖地区并没有螃蟹，长江两岸却已经有了螃蟹，而且数量多得惊人，经常把岸边的青草吃个精光，有时甚至会把稻秧夹断无数。那时的人一发现它，就把它甩得远远的，可是没过几天，又爬回来很多，农民被气得没什么好办法，便把螃蟹叫作“夹禾虫”，把它跟蝗虫等同。有人迷信，还烧香点烛，甚至把菩萨请到岸边，可依然无济于事，一时竟成了蟹灾。

当时，有个出生在阳澄湖边的人，叫徐高峰，在外地做官。在他上任的那一年，沿江一带发生了严重的夹禾虫灾害，庄稼几乎都被吃光了。徐高峰这人一点都不信鬼神，他亲自出头，带领农民捕杀夹禾虫。人们一打死夹禾虫，便用厚土把它们埋起来或者用火烧。在人们用火烧夹禾虫的时候，从火里飘出来一股香味。徐高峰觉得，这夹禾虫烧熟了闻着很香，说不定可以吃，就从火里挑出一个来，剥壳尝了尝，发现味道果然很鲜美。他身边的农民本来看他吃夹禾虫挺害怕的，结果看这种“虫子”很好吃的样子，就纷纷挤了过来，一尝都交口称赞。这消息很快就传开了，夹禾虫的灾难自然也就迎刃而解了。夹禾虫灾是解决了，可是这么美味的东西叫禾夹虫实在不够文雅，于是徐高峰便想了个主意，把解决问题的“解”和夹禾虫的“虫”两字合而为一，便有了“蟹”这个说法。就这样，蟹的称谓一直延续到了今天。

夹禾虫事件很快就被徐高峰上头的大官知道了，这个大官是个很迷信的人，认为夹禾虫和蝗虫都是天虫，不可以吃掉，会得罪神仙，所以找了个理由将徐高峰撤职查办了。徐高峰因此回了苏州，因不舍得螃蟹的美味，他在走的时候拣了几篓子健壮的大螃蟹在阳澄湖里放了生，从此以后，苏州便有了螃蟹这种美味的食物。

这个故事是否真实并不重要，关键是它轻松有趣，极接地气。而真正的阳澄湖大闸蟹的名称由来，据说和它的捕捞方式有极大的关系。旧时，一些农民在农历九十月份的时候都会去捉点大螃蟹来卖钱贴补家用。螃蟹虽肥美，捉起来却并不容易。后来有人想出了一个非常巧妙的办法来捕蟹，就是在阳澄湖的狭小港湾里放一种竹子编成的闸，在放闸一边的岸上点火，那些螃蟹因为受到灯光的诱惑，纷纷朝竹闸这边游来，有些还会爬上竹闸，这时农民们便可以轻松捕获螃蟹。这样捕捞到的螃蟹就叫闸蟹，若是个头儿比较大，就叫大闸蟹，又因为产于阳澄湖，所以就叫阳澄湖大闸蟹。

应季的阳澄湖大闸蟹青壳白肚，黄毛金钩，所以苏州当地人也叫它“金钩蟹”。除了清蒸这种烹饪方法以外，大闸蟹还可以油煎、面拖、酒醉或腌制，有时还会被拿来制作蟹油水晶球、锅烧蟹粉、煎蟹盒或雪花蟹斗等。但是，我觉得最肥的阳澄湖大闸蟹还是清蒸来吃最好，不然岂不辜负了它那“螯封嫩玉双双满，壳凸红脂块块香”的美好滋味！

新梅华餐厅（繁花中心店）

地址　相城区人民路4555号繁花购物中心3楼5-3043室

电话　0512-66279887

香干马兰头

清热利湿的小清新

马兰头是一种具有清热利湿、消炎解毒等功效的野菜。说它是野菜，主要是因为这种植物大面积种植的不多。不过，现在江南市面上已经有野生和养殖两种了。有些精明的“吃货”号称能从马兰头的根判断出来它的来历——红根是野生的，白根是养殖的。当然这一点也是流言，可信与否无法考证，就好像很多地方都认为紫根的韭菜比白根的更香更好吃，而在我看来，两者并没有多大差别。

马兰头在江南地区特别受欢迎，是一道春季不可缺少的小菜，不少江浙沪的馆子里都会应季供应，许多食客在春天也会专门去市场购买。

我第一次品尝到马兰头就是在苏州，是在相城区人民路的新梅华餐厅，因为是时令菜，服务员稍稍推荐了一下。因为这道菜是凉菜（江南地区的凉菜分量都小，意在不要夺了荤菜的位置），所以用小碟子装，看着很小巧，马兰头和白色的香干拌得十分均匀，那碧绿的颜色是春天的颜色，那点缀其间的白点就像春日里新开的小花朵，别提多诱人了！

马兰头的味道清香，与香干中的豆香味儿搭配，再加上一点盐和糖的调和，滴上几滴浓香的香油，苏州春天的精华尽在其中。

饭店里的香干马兰头都是做成各种造型，有的是四方的墩儿，有的是宝塔尖儿，有的是小梯田，不过是为了增加观感，口味还是一样的。如果自己做，就不用这么麻烦了。

在苏州，春天天气暖和起来以后，菜市场里就开始有马兰头的身影了，从开始只有几个摊子有，到所有蔬菜摊子上都会摆放一堆儿，想吃是不用愁的。马兰头一次不宜做太多，这东西毕竟带点儿药性，主要吃个味道，不能吃太多。一般一斤左右就可以了。白色香干这种东西现在好像各地都有，江南地区尤其多，随便买几块就够用了。

买回来以后，马兰头焯水，挤掉水分，这时一斤马兰头也就剩下一小把了，刚好是一餐的量。把香干也焯一遍水。将马兰头在案板上切好。切的这个过程不用着急，要慢些，按苏州人的说法就是“笃悠悠地弄”。切完马兰头，再把香干切丁，然后一起拌匀，加上点盐、糖，最后滴上几滴麻油，这道菜就能上桌了。

如果你春天刚好到苏州，又特别希望感受到苏州春天的气息，那一小碟香浓的香干马兰头绝对是你的不二之选。

五德居

地址　相城区西中市135号
电话　18914034457

白斩鸡

鲜嫩肥美的三黄鸡

白斩鸡是江苏尤其是南京和苏州地区的美食。据说清代时，白斩鸡就已经出现在了苏州地区，那时店家为了方便，把鸡烹熟后放在厨房，客人随点随切，也叫白切鸡。这个美食起源于上海，发扬光大于苏州，这里面是有一些渊源的。

那是在1940年的初夏，年仅16岁的章润牛从乡下逃难到了上海，为了能糊口，他不得不上街做一些小买卖。他卖的东西十分简单，就是把一些生的鸡鸭的下脚料，按照家乡的方法加工成熟食后，提着篮子沿街叫卖。经过几年的辛苦努力，他攒了点钱，于是就跑到当时大世界附近的大东新旅社门口，摆了一个卖白斩鸡和用鸡汤熬制的粥的小摊子。因为他是绍兴人，所以他卖的白斩鸡选的是绍兴的阉鸡，一些吃客知道了以后都叫他小绍兴，时间一长，“小绍兴”不但成了他的外号，也成了他的摊名。

开始时，小绍兴的鸡粥摊子规模很小，但是他本人精心钻研烧鸡的技术，再加上他善于经营，慢慢地他的小吃摊在那条路上有了名气。生意有了些起色，鸡粥摊的规模便一点点扩大起来，抗日战争胜利之后，小绍兴的鸡粥摊已经初具规模了。

小绍兴做的鸡外皮脆嫩，据说这一点，也是偶然发现的。当时他的鸡粥摊子还小，经常有地痞流氓和警察来敲诈勒索，这些人除了每次白吃白喝，有时还要顺手牵羊。一天，两个警察在小绍兴的摊子上吃饱喝足后，又要拿鸡。小绍兴又生气又无奈，只好从烧锅里拿鸡，结果一不小心，鸡掉在了地上。小绍兴见旁边刚好有一桶井水，就顺手把鸡捡起来放到井水里洗了一下，心想，让这吃白食的警察吃了拉肚子才解恨呢。

不料，第二天，那警察过来说，昨天的那只鸡特别好吃，还想再吃。小绍兴十分意外，想了想，觉得这可能和用井水洗过鸡有点关系。后来他又如法炮制，果然鸡皮变得又脆又嫩。从此以后，他将鸡烧好以后都放到井水里浸泡一会儿，这种独特的方法使小绍兴的白斩鸡名声大噪。后来他又在火候和调料等方面做了些改进，使白斩鸡更加鲜美，吸引了更多的顾客。当时著名演员盖叫天等人在附近戏院演完戏，常去小绍兴那儿吃消夜，最喜欢吃的就是他家的白斩鸡，于是小绍兴的白斩鸡名气越来越大，成了上海滩的一道名馔。

也因为这些演员四处宣传，白斩鸡迅速流传开来。这道菜虽是荤菜，却清淡爽口，深受苏州人的喜欢，成为苏州的一道美食。

白斩鸡的制作讲究三捞三烫，据说只有这样才能做到鸡皮脆弹、鸡肉鲜嫩，斩开后骨髓带血，鸡肉和鸡皮间又有一层冻水。换句话说，就是鸡肉刚刚断生，吃的就是那个脆嫩。

白斩鸡属于浸鸡类，制作方法很简单，刚熟不烂就可以，也不添加任何配料，主要是保持鸡肉的原汁原味。吃的时候可以搭配芥末酱或者特制的酱油，吃起来别有一番风味。

既然白斩鸡讲求的是鸡的原味，对鸡的要求必然是苛刻的。白斩鸡的最佳选材是三黄油鸡，这种鸡之所以被称为“三黄”，是因为它有脚黄、皮黄、嘴黄的特点。这种鸡肉质肥嫩，很适合用来制作白斩鸡。

苏州虽不是白斩鸡的故乡，但是五德居的白斩鸡却远近闻名。如果你正好人在苏州，又很想品尝一下正宗的白斩鸡的味道，那他家的白斩鸡绝对可以满足你的这个愿望。

潘记隆烧饼

地址 相城区封门路 195 号（东欣大厦底商）

电话 18962521478

蟹壳黄

油多不腻的小麻糕

蟹壳黄究竟算哪里的特产？有的人认为蟹壳黄是老上海的传统名点，有的人认为蟹壳黄是安徽黄山的特色小吃，有的人认为蟹壳黄发源于常州，还有一些人到了苏州就满大街地找蟹壳黄，认为它是苏州的著名小吃。

蟹壳黄确实不是首创于苏州，而是在江苏的常州，在20世纪早期随着人口迁徙传入上海，慢慢成了上海的知名小吃，而后风靡于紧邻上海的苏州。

蟹壳黄因烤好后的焦黄外皮好似煮熟的蟹壳而得名。但这是苏南的叫法，在苏北，这道小点心又叫黄桥烧饼。

说到蟹壳黄，就不得不提“茶食”这个词。旧时，人们生活虽然没有现在这样丰富多彩，但是那时生活节奏缓慢，人们有很多时间可以享受一些无所事事的时光，而喝茶聊天是最好的打发闲暇的方式。喝茶是件美事，但是一坐几个小时，只喝茶的话，肚子很快就会饿，这个时候就该叫些茶食茶点来慰藉一下灌满了茶水的肚皮。这种生活方式不管在苏州还是上海，都是非常流行的，因此蟹壳黄一类的茶食就应运而生了。

老苏州人当年都是听着评弹，喝着碧螺春，品着各式苏式小点心，优哉游哉的。苏州有这样懂得享受生活的人，也必然会出现一些精致的食物，比如人人都爱的蟹壳黄。

蟹壳黄个头儿不大，女孩子手掌大小，圆圆的，烤得好的话，整个饼身都是鼓溜溜的，面上缀满了白芝麻，咬上一口，酥香脆，让人赞不绝口。

它的馅心有咸、甜两种。咸味的有葱油、肉丁、蟹粉、虾肉等馅儿；甜味的有白糖、玫瑰、枣泥和豆沙等馅儿。饼以油酥和面制成，面上排满芝麻，在椭圆形的炉膛内烤熟即可拿出。一般蟹壳黄还未出炉，香味儿就已经从街头飘到街尾了，那味道勾得路人纷纷前购买。

百草梨膏糖

地址　相城区城厢镇新华西路 44-2 号

电话　18962612880

梨膏糖

风靡苏浙沪的药糖

梨膏糖据说最早出现在唐代，当时魏徵的母亲得了咳嗽气喘的毛病，大夫来了给开了中药，让老太太服下。可这老太太嫌药苦难吃，拒绝吃药，跟魏徵说想吃梨。魏徵一听就犯了愁，因为他母亲早就没牙了，怎么可能咬得动梨呢？于是魏徵想了个主意，他把梨放在水里煮然后加上糖，再把川贝、茯苓、杏仁之类的中药也放了进去。因为加了中药，魏徵怕糖放得不够，又加了些糖进去。这么一忙活，已经到了半夜，魏徵实在太累了，就睡了过去，醒来时发现一锅汤已经熬成了糖块。魏徵赶紧尝了尝，觉得又酥又甜，十分好吃，而且糖块吸收了各种中药的成分，带点药味，估计可以治好他母亲的病。果然，这老太太十分喜欢这种清甜爽口的药糖，每天都能吃下一些，没过多久她的病就好了。

后来梨膏糖的制作方法逐渐传到了民间，到北宋的时候已经相当普遍了，制作的技术也比较成熟了。南宋时，掌握着梨膏糖制作技术的商贩迁徙到南方，把这种手艺也带到了南方，从那以后，梨膏糖在江南也风靡起来。

在江南，梨膏糖逐渐发展，形成了杭帮、本帮、苏帮、宁帮和扬帮等几种派系，但是制作的过程都差不多，都要先把梨切片，与杏仁、川贝、茯苓、百部、前胡、制半夏、款冬花等中药一起熬煮，每半小时把熬好的汤汁倒出来，加水再煮，这样反复熬煮四次。然后把四次的汤汁混合，倒入锅里，放上冰糖，用中火煮，看到汁液黏稠了，加入橘红粉和香橼粉拌匀，用小火熬到汤汁能拉出丝来，再倒入模具中，等凉了就能结成糖块了。

梨膏糖做着不复杂，但是在过去，卖它可是一件挺有意思的事情。在苏州，梨膏糖就有“文卖”和“武卖”两种。

“文卖”如今在苏州还能找到，就是在固定的地点摆摊卖梨膏糖；“武卖”则是那种以流动、说唱逗乐的形式卖梨膏糖，现在已经基本见不到了。苏州人也管“武卖”叫“小热昏”。“热昏”是吴地方言，指人发热昏了头，胡言乱语。卖梨膏糖的都是平民小百姓，所以他们也就被人叫作“小热昏”。

旧时，“小热昏”们一般会选择黄昏时分，特别是夏天，大家都在外面乘凉聊天的时候出场。常常是一个小个子老头，穿着长衫，脸上涂得红红的，戴个头套，后面有个尾巴，站在长凳上，一面敲锣，一面吆喝。他的身边一般有个大木箱，木箱子上写着“梨膏糖”。这个箱子可以放梨膏糖，可以当作乐器，有时候还可以放锣、折扇等道具。

“小热昏”们表演的主要是一些民歌小调，有时也会说些苏州城里城外的笑话、故事，也有现编的说唱、新闻等，内容大多非常搞笑滑稽，常常逗得全场一片笑声。

那什么时候开始卖糖呢？一般在大家听得正有兴致的时候，“小热昏”会来个“急刹车”，开始推销他的梨膏糖。旁边一般会有一个女人帮忙，敲敲锣、收收钱、递递糖之类的。两人配合得好，糖就卖得好。

这种有趣热闹的梨膏糖卖法现在已经无处可寻了。据说上海管卖梨膏糖叫“独角戏”，它也是“小热昏”的一个翻版，都是以逗人取乐为主。

当然，梨膏糖在苏州的很多百年老店里都可以买到，比如相城区的百年老店——百草梨膏糖就常年制作和销售梨膏糖，虽然少了过去的那种快乐和热闹，但那清甜的药香被传承了下来，既让人唇齿留香，又可以强身健体。

村上湖舍

地址　相城区澄林路清水村刘家庄 88 号

电话　0512-62628188

文思豆腐

素菜荤做的新派菜

豆腐的历史源远流长，据说其创始人是淮南王刘安，因为朱熹曾在他的诗中说“世传豆腐本为淮南王”，李时珍也说“豆腐之法，始于淮南王刘安”。相传刘安对长生不老之术非常痴迷，在一次炼丹中偶然把黄豆汁和石膏弄到了一起，结果意外地点出了豆腐。

在国外，豆腐基本被认为是中餐的代表，很多外国餐馆都少不了麻婆豆腐这道菜。但是，不管是麻婆豆腐还是蟹粉豆腐，抑或小葱拌豆腐，都是把豆腐切成小块儿做菜，基本上没有谁会把豆腐切成细丝。毕竟豆腐质软，切块儿容易，形态也好看，营养还能很好地保存在里面，而切丝既难切又容易断，所以很少有人愿意做豆腐丝类的菜品。

不过，在注重刀工的淮扬菜系中，有个菜是以豆腐丝入菜的，这就是文思豆腐。做这个菜时要把豆腐切成细丝，散于汤里，豆腐丝轻轻荡开，整个菜如水墨山水般美丽，吃过一次便使人难以忘怀。

这道菜本是一道斋菜。文思是清代一位僧人的法号，人称文思和尚，在《扬州画舫录》中有记载："枝上村，天宁寺西园下院也……僧文思居之……又善为豆腐羹、甜浆粥。至今效其法者，谓之文思豆腐。"可能很多人会想，出家人吃素，所以会做豆腐很正常。但是能把豆腐切成细丝入菜，就不是单纯的烹饪问题了，看得出这个僧人将修行践行到了生活的各个方面。毕竟，把嫩嫩的水豆腐切成细丝，除了对刀工有高要求外，更需要的是人的平心静气，这其中可见修行之人的功力。

没有吃过文思豆腐的人可能会认为这个菜用的是比较硬的北豆腐，而事实上，它用的是水嫩柔滑的南豆腐。做法说起来并不复杂。先把南豆腐切片，然后再切成细丝。切的时候不能急不能躁，要平心静气，落刀不能犹豫停顿，要干脆利索，只有这样才能切出细如发丝的豆腐。切好的豆腐丝还需要放滚水中氽一下，去掉豆腥气，再放进冷水里漂洗一下。接下来就要准备汤底了。文思豆腐原是斋菜，所以不能用肉类提鲜，只能用各种菌类和食盐进行熬制。一般是将蘑菇、竹笋、黄豆芽和平菇放一起按照一定的比例炖汤，炖好之后只留下汤，舍弃煮汤的材料，再加入盐和湿淀粉，最后把豆腐丝推进汤里。这个推的动作一定要轻缓，避免把豆腐丝弄断。入汤后，轻轻拨开豆腐丝，使其散开，看到豆腐丝浮上汤面就可以出锅了。

记得有一次我在相城区闲逛，在一家叫村上湖舍的农家馆子里看到文思豆腐这道菜时很是惊异，因为饭店的名气不大，门头也一般，没想到里面竟有这么精致的菜，于是试着点了这道菜。结果汤端上来后令人惊喜，豆腐丝真是细如发丝，汤的味道也让人赞叹不已。旁边的一位食客也和我一样点了这个菜，吃了一样赞不绝口。那人见我和他感受一样，便跟我说起这文思豆腐的刀工来。原来，过去的文思豆腐里的豆腐丝是火柴梗粗细的，后来一位扬州的大厨发明了一种新的切法，就是在水里切，并且切好后不断从上面淋水，这样可以保证豆腐一直水润，而且可以切出如发丝般细的豆腐丝。后来不少厨师都学会了这个方法，于是这道菜成为苏州的一道比较常见的菜品，在很多饭店都可以吃到。

那次吃的文思豆腐并不是纯素的，因为那汤明显是清鸡汤，问了店家，店家说纯素的汤味道不够鲜，还是鸡汤吊的汤更好吃。我虽然深以为是，可是不知为什么还是很想尝尝那以素菜吊出的鲜汤是个什么滋味。

吴江区

悠悠旧街的江南佳肴

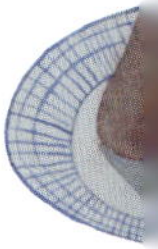

漫步在苏州最古老的园林沧浪亭中，遥看着全国仅存的水路城门盘门，登上近旁的瑞光寺塔，临空远眺，江南水乡风景如画，吴中风物尽收眼底。仔细品味吴江区的美味，一味一菜，一素一荤，这些菜品背后，都有着道不尽的岁月传奇。

朱鸿兴面馆

地址　吴江区高新路 199 号
电话　13382163871

焖肉面

酥烂与爽滑的激烈碰撞

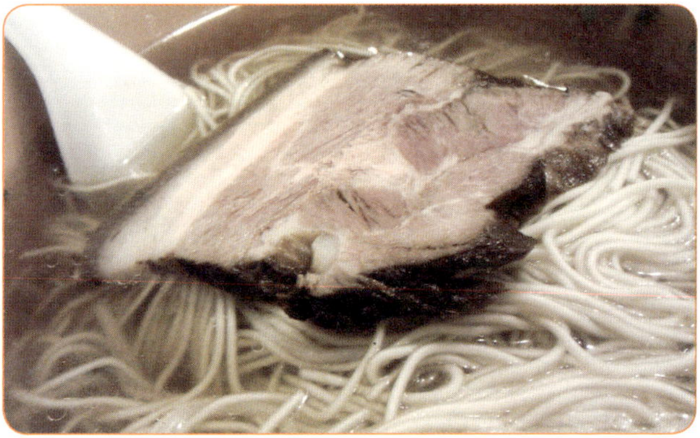

在苏州城的大街小巷，只要有面馆的地方，就会有焖肉面，苏州人非常喜欢焖肉那种入口即化、肥而不腻的口感。不过，焖肉面中往往只有薄薄的一片焖肉，喜欢吃肉的人会觉得那点焖肉过不了嘴瘾。

焖肉面是江南地区的著名面食，由苏州的同得兴、陆长兴和朱鸿兴等面馆于20世纪30年代首创。面上的浇头焖肉是采用猪五花肉制成的，做的时候加入多种调味料用高汤焖，这样焖好的肉酥烂似豆腐，味道鲜香可口，是食客们最爱的一种面的浇头。

老苏州人不喜欢吃纯瘦肉，肥瘦相间的五花肉才符合他们的胃口。春天的樱桃肉、冬天的酱方、汤面上的浇头等，只要是需要肉的地方，他们都用五花肉，仿佛只有猪五花肉才能满足他们的口腹之欲。

当然，苏州人也是极会做五花肉的，备受人喜爱的焖肉面里的焖肉就极富苏州特色。

按苏州人的要求，上好的焖肉应该是肉皮软糯，肥的部分柔滑，瘦的部分不硬不柴。前两点还算容易做到，只需要耐住性子，炖的时间够长就可以了。最后一项——瘦而不柴，才是做焖肉真正的挑战。

会点烹饪技巧的人都知道，瘦肉变柴是因为肉里的水分流失。如果想避免这样的情况发生，就必须让猪肉在65摄氏度左右的温度下慢炖30多个小时。这个办法看似不太麻烦，事实上费时费工。苏州人一般喜欢把大块的五花肉直接上锅炖，因为肉块切得比较大，可以减少肉向外开口的面积，也就很容易保持肉里面的水分。所以做焖肉时，很多店家都是将一块两三斤的五花肉整个煮。当然，为了入味，肉在煮之前要腌一下，一般腌一个晚上，或者七八个小时。

以上焖肉的要点一旦掌握，想不做出入口酥烂的焖肉是不太可能的。焖肉是这道面食的重点，而汤头的好坏也直接影响面的口感，所以各家面食店都将汤头的配方看作自己的传家之宝，一般不外传。店家通常采用传统的熬汤之法，加入猪筒骨、鸡架、鲜鱼、鳝骨等新鲜原料，用文火熬煮六七个小时，使之成为高汤，之后加入祖传的一些特制调料。这样做出的汤不但清澈见底，而且味道鲜美无比，还十分养生。

有了汤，接下来就是下面了。一般一碗面要用多少面条，老师傅们心里都有数，一抓一个准。然后将面投入大锅，捅一下，加一瓢冷水，再捅一下，用笊篱捞出，朝半空中掼一下，将面条卷紧。这时的面像用木梳刚梳好的一样，整齐划一，虽成团但不乱。师傅如此煮面捞面，据说就是为了不洒

掉面水，不让面汤走味，而且面条不卷紧的话，面水很快就会干——所有的操作，全都是为了口感考虑。将卷紧的面放入汤中，只见红油汤里雪白的龙须面整整齐齐地摆放着，稍稍耸起，看上去像鲫鱼的背。这时撒上些葱花或青蒜叶，再搁上一块酥酥的焖肉，一碗色、香、味俱全的苏式焖肉面就可以上桌了！

焖肉面在苏州不分时令，随时都可以品尝得到。比较著名的焖肉面馆有陆长兴、同得兴和朱鸿兴三家，这三家在本地几乎齐名，味道也不分伯仲，去哪家吃全看方便不方便。不过，同得兴因为《舌尖上的中国第二季》的播出，食客众多，不管是不是饭点都是满满的人，几乎任何时候去都需要等位。相比之下朱鸿兴的店铺比较多，口味一致，客流量也没有那么大，适合尝试。朱鸿兴的店堂较普通，但从焖肉到汤头再到那细细的龙须面，没有任何可以挑剔的地方，爱吃面的人在那里应该能吃得心满意足！

金榜状元坊

地址　吴江区同里新填街209号

电话　0512-63338988

状元蹄

金榜题名时的美味

状元蹄是苏州同里镇一道非常有名的美食，去同里游玩的游客经常会拎一只烧得喷香的状元蹄回来解馋。有人说，状元蹄和周庄的万三蹄有着异曲同工之妙，不过同里人并不认同这个说法，他们还是坚持同里的蹄髈更有特色。

先不论这状元蹄和万三蹄有何不同，光这道菜的名字就让人很好奇：是有人吃了蹄髈然后中了状元呢？还是一个状元吃过这蹄髈呢？

原来，在南宋淳祐四年（1244年）的时候，同里人魏汝贤高中了状元。魏状元这个人特别喜欢吃红烧蹄髈，这一点远近的人都知道。后来，退思园的主人任兰生很仰慕魏汝贤，特地聘了一位名厨来烧制蹄髈，作为他家家宴的主菜，并为之取了雅名，叫状元蹄。当时，状元洪钧和他的妾赛金花等人也经常来品尝。

如今的状元蹄在做法上和过去有了很大的不同，在口味上更胜一筹。吃过状元蹄的人都知道，同里店铺里售卖的状元蹄大小都差不多，每个都是1斤左右。而且，状元蹄的烧制方法已经非常成熟，每一个步骤都有严格的要求，所以在同里买蹄髈不用那么费力地一家一家去比较好坏。你甚至会发现那里的蹄髈都是一个价，因为原料的使用都是差不多的。

同里人宴请宾朋的时候，桌上一定会有此菜。在同里，随处都有卖状元蹄的，很多就是那样堆放在一只大锅里，要的话称重算钱，然后当场真空包装好，不用担心带回家后会坏掉。

那同里的这种蹄髈是怎么做出来的呢？

首先把蹄髈放进水里煮，去腥去毛以后，加入十几味中草药煮开——据说，这些中药还能起到防腐的作用。大火烧开以后，就可以用慢火去焖了。一只大锅一次一般煮80只蹄髈，前后大概需要4个小时。做状元蹄一定要用铁锅，因为铁锅能吸收煮制过程中产生的水分，而且还能把蹄髈中的脂肪煮出来，这样烧出来的蹄髈才会吃起来不腻。

蹄髈买回家后，直接连真空包装的袋子一块儿放到水里煮开就可以了，这样煮汤不容易烧干。

那如何才能剔除蹄髈骨头呢？首先用手拎起一只蹄髈，然后从两根贯穿整只蹄髈的长骨中轻轻抽出一根极细的蹄髈骨头，以骨为刀，就可以顺当地剖开蹄髈了。这根骨头也被称为“状元刀”。这一点我觉得和万三蹄的基本相同，只是看每个人的技术了。

我上次去同里买状元蹄，去的是“金榜状元坊”这家店。据老板娘介绍，不少演艺名人都曾经光顾过她的店，有的还是常客，像著名的二胡演奏家闵惠芬、上海电视台著名的主持人林栋甫等。据说，有一年中央二台还特地来这家店录制了一档有关状元蹄的节目，拍了整整3天。现在，同里状元蹄已经声名远播，不管是来同里的游客，还是家有喜事的本地人，大家都喜欢买个蹄髈回去，为的就是讨个好彩头。

阊门姚记豆浆

地址　吴江区体育路998号

电话　13913082860

粢饭团

状似珍珠味香醇

江南人爱吃面更爱吃米，尤其是清香软糯的江米。以江米做底子的东西有很多，像粽子、粢饭团、汤圆等，不胜枚举。而粢饭团是其中最为著名的传统小吃之一。

老苏州人一直以来都把粢饭团当作早点，那些行色匆匆的上班族也经常人手一个粢饭团。这个小小的饭团外面是糯米饭，里面卷裹着多种食材以及一些调味料，热腾腾，香喷喷，吃一口，软糯清香，是绝佳的早餐食品。

这种小吃不仅苏州常见，在上海、无锡、杭州等地也有大量的拥趸。有一种说法是：大饼、油条、豆浆、粢饭团乃江南早点的“四大金刚”，由此可见这款小吃的受众面有多么广泛了。

粢饭团制作方便，过去常在街头售卖，现在主要在店里出售。不过，以我个人的感受，这样的风味小吃，路边摊的口感反而要更令人难忘一些。

记得以前在吴江区体育路上看到一家名叫“阊门姚记豆浆”的店里有粢饭团。当时，一位苏州籍的老奶奶正在一个很干净的玻璃架子上做粢饭团。这位老人家做的粢饭团香糯可口，内容丰富，很多人慕名专门从城市的另一头过来品尝。老奶奶的左手边推车里有一只半人高的木桶，上面盖着一个有些年头的木头盖子。有人来买粢饭团，老奶奶就掀开盖子，在一层升起的白汽中俯身去拿江米饭，一股扑鼻的米香也随之飘了出来，引得一旁的食客不停地咽口水。

老奶奶常年做粢饭团，手法神准，一两秒钟就能揪出一块大小正好的江米饭，从来不会出现拿多了还要放一些回桶里的情况。拿出来的江米饭会放在一个干净的竹砧板上，砧板上铺了一条雪白的毛巾。老奶奶先熟练地用毛巾把江米饭压平整，接着放上香葱和肉松。虽然江米饭刚从木桶里拿出来，还有些烫手，可老奶奶仍然手脚利索地完成这一系列动作。之后她就会抬头，用一句苏州味很浓的普通话问你，要油条还是香肠。我要油条的，因为听说老奶奶家的油条格外酥脆好吃。半根炸得金黄的油条被包裹进雪白的江米饭中后，老奶奶两只手轻轻一握，饭团就成了圆柱形，再按一下两头，一个喷香完美的粢饭团就做好了。

老奶奶把粢饭团递过来，馋嘴的我立马接住，一边忙着咬第一口，一边把钱递过去。老奶奶双手因为要做吃的，是不碰钱的，她指一指旁边的一只小铁盒，让我自己放钱，自己找钱。

当然，粢饭团里并不是只能卷油条和香肠，酱蛋、咸蛋甚至红烧肉都可以卷。

松鹤楼（吾悦店）

地址　吴江区太湖新城开平路2188号新城吾悦广场4楼002号

电话　0512-63437758

松鼠桂鱼

满城尽带黄金甲

松鼠桂鱼又名松鼠鳜鱼，是苏州的一道汉族传统名肴。炸好的桂鱼形似松鼠，外脆里嫩，呈艳丽的橘黄色，将热气腾腾的卤汁淋在上面，它就“吱吱”地叫唤起来，活脱脱一只好动而活泼的松鼠。这道菜尝起来酸甜适口，还伴有松香味。

松鼠桂鱼不仅外形惟妙惟肖，集色、香、味于一身，而且承载着浓郁的苏帮饮食文化。清代的《调鼎集》中曾记载：“取鳜鱼肚皮，去骨，拖蛋黄炸黄，作松鼠式。油、酱油烧。”

关于松鼠桂鱼，还有一个传说。当年，乾隆皇帝六下江南，在古城苏州微服私访。一天傍晚，他突然觉得饥饿难耐，于是走进一家名为松鹤楼的临街饭店。乾隆皇帝看见店家的水牌上写着一道名为“松鼠桂鱼”的菜，就信口点了这道菜。菜端上桌来，香气四溢，乾隆皇帝半天没吃饭，委实有些饿了，加上这道菜做得外焦里嫩、酸甜宜人，在宫里吃惯了御膳的乾隆皇帝大快朵颐，很快就将盘中的美食扫荡一空。吃完饭，久居宫中的乾隆皇帝早就忘了钱是何物，更没想起来买东西、吃饭是要付钱的，拔腿就往外走。松鹤楼的堂倌哪里知道他正是当今的万岁爷，当即拦在店门口，不让他走。这一走一拦，二人僵持不下，吵了起来，引来不少人围观。苏州知府带着三班衙役巡街，恰好看见了这一幕，赶紧派班头给松鹤楼的老板送去了一锭白银，这才平息了这场风波。

在北京，不少南方风味的菜馆里也有松鼠桂鱼这道菜。一次，在北京和一位苏州友人一起去饭馆吃饭，当时正值炎炎夏日，热浪袭来，我们都没什么胃口。友人翻了翻菜单，突然眼前一亮，说要为我们点一道生津开胃的佳肴。不一会儿，一盘黄澄澄、金灿灿的松鼠桂鱼被端上了桌。看着这道卖相好、气味佳的菜，我们几乎同一时间将筷子伸了过去，将鱼肉蘸着诱人的酱汁送入口中，直觉得口舌生津。我们连连夸赞那位友人会点菜，他却笑着摇摇头说，这还算不上最正宗的松鼠桂鱼，奈何远在北方，只能借着它慰藉乡愁。

若想吃到原汁原味的松鼠桂鱼，最佳去处自然是上面提到的让乾隆皇帝都流连忘返的松鹤楼。相传中国饮食界有“四大楼”，分别是北京的全聚德、扬州的富春花园、苏州的松鹤楼以及杭州的楼外楼，可见松鹤楼饮食底蕴的深厚。松鹤楼由徐氏于乾隆二十二年（1757年），在苏州的玄妙观建立，主营面点，也卖饭菜，迄今已有260多年的历史。现在松鹤楼在苏州已经有多家分店，这家位于吴江区的松鹤楼在装潢风格方面继承了古色古香的传统，木质结构的小楼里整整齐齐地摆放着古朴厚重的八仙桌，其味道和风格也一脉相承。

总体而言，松鹤楼的价位中等偏上，光是一道松鼠桂鱼就100多元，但货真价实，盘子也装得满满的。所以，去松鹤楼吃松鼠桂鱼适合约上三五好友一起。夹一筷子鱼肉送入口中，酸甜的酱汁裹着鲜嫩的鱼肉，酸甜、酥软和鲜美完美地融合在一起，再配上松鹤楼其他苏帮小菜，真不愧是一顿佳肴。

黄山菜饭骨头汤

地址　吴江区长安路西侧779号

电话　18351686906

青鱼甩水

神似鱼翅的家常鲜味

甩水在苏州话里就是“鱼尾巴”的意思。因为鱼在水中游动的时候，尾巴左右摆动，所以苏州人想出了这么个生动的名字。

江南地区用鱼尾做的菜不少，而且常用青鱼的尾巴。因为青鱼尾巴上的肉脂丰腴，磷质丰富，味道鲜美，所以民间常说“青鱼尾巴鲢鱼头”。

红烧青鱼甩水在苏州地区是很受人喜爱的一道家常菜。这道菜色泽酱红，味道咸中带甜，鱼肉肥嫩，吃起来鲜美可口。

在过去，大鱼是不常见的，所以要是有谁买了一条极大的青鱼，走在路上估计会引来路人注视。在那种没有冰箱的日子里，一条鱼要是吃不完就只能用绳子系好，挂在屋檐下或阳台的晾衣绳上自然保存。

那么大的一条鱼，当时的人们一般是先从甩水吃起，鱼头部分都是最后拿去炖个汤烧个菜什么的。放在现在，一条鱼吃好几天的可能性已经不大了，单烧甩水的可能性就更小了。所以，现在苏州人如果怀旧的话，突然想吃这道菜，一般会自己在家烧一顿青鱼甩水。它的做法也不复杂，用两条青鱼的尾巴，洗干净，在肉厚的地方横着剖开，使尾巴呈扇子的形状展开就行了。然后锅里放油，放入生姜片略煸一煸，出味儿以后，把鱼尾放进去，把两面煎得黄黄的，这时加入料酒、老抽，再加小半碗水，把锅盖盖上，略烧一会儿，最后加入白糖提鲜。烧甩水的时候要尽量让尾巴部分没入汤里，因为那是青鱼甩水最好吃的部分，味同高贵的鱼翅。待到汤汁要收干的时候，用锅铲不断地把酱汁淋到鱼尾上面，起锅之前放些葱段进去就可以了。

青鱼甩水这道菜浓油赤酱，鱼肉嫩滑。吃完鱼，剩下的汤汁也是不可多得的美味，可以用来拌饭。

青鱼甩水除了红烧，也可以腌制。一些老苏州人到了冬天的时候喜欢腌青鱼干。通常是用粗盐抹遍青鱼全身，然后在鱼身上喷一些烧酒，放盆里腌一两天，再将绳子穿在鱼嘴里，晾在风口处，等完全晾干后上蒸笼蒸熟。吃的时候用手撕成小块，既可以佐酒，也可以下饭。如果晾得更干一些，还可以放到冰箱里冷冻起来，一直保存到夏天。什么时候想吃，就拿出来，鱼肉仍是喷香的。

现在，这道颇具怀旧色彩的美食在外面饭馆已经很难吃到。有幸的是，一日我在吴江区闲逛，邂逅了一家叫“黄山菜饭骨头汤”的饭店，看见收银台附近的小黑板上写着推荐菜品，其中就有青鱼甩水。于是，我迅速点了这道菜。没多久菜就端了上来，我拿起筷子尝了几口，只觉鲜嫩之中透着醇香，美味极了。

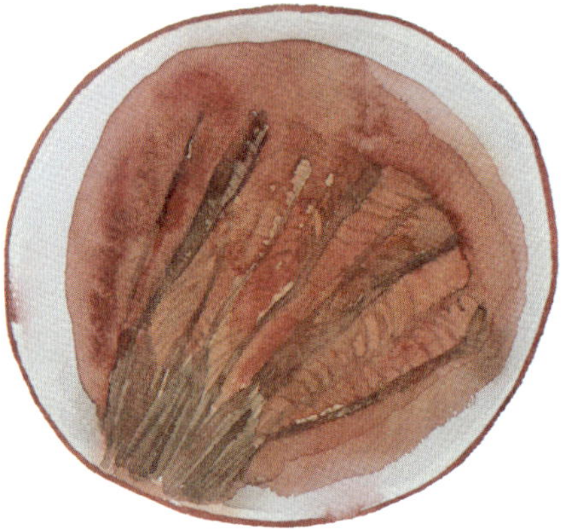

奥灶馆

地址　吴江区东太湖大道

电话　17315288838

奥灶面

别具风味，回味无穷

提起苏州，就不能不提苏州的面。和苏州的园林、丝绸、评弹一样，苏州的面享有很高的知名度。

有人说苏州的面有千种，到了吃饭的时候不知道该翻哪块牌子。事实的确如此。但是，如果非要从这众多碗面里挑出一碗的话，我首选的是名震天下的奥灶面。

先来说说这奥灶面的汤头吧。它的汤头分为“红汤”和“白汤”：白汤是用大骨、鸡架、猪肉、鳝鱼骨等可以吊鲜的东西加入多种香料，用文火熬煮出来的高汤，这种汤清透如琥珀，气味喷香扑鼻，汤色清亮不油腻；而红汤是在白汤的基础上加入酱油和糖调制而成的，为江浙人喜爱的甜咸味。一些正宗的苏式面馆每天都会把当天剩下的汤头加入下一次的汤中一起煮，这样便形成了老汤。一般来说，年代越久远的汤味道越浓郁。

除了汤头，面条本身也是奥灶面让人欲罢不能的因素。总体来说，苏式面以细面为主。虽说北方人酷爱的宽面十分爽滑，但苏州人还是觉得细面更贴合自己的脾性。而且甜鲜的汤头给人以绵软悠长之感，只有细面才能更好地表现出汤的色味来。在苏州，奥灶面上桌时面大多是整齐地码在面汤里的，看着纤细雪白，让人很有食欲。煮面的时候要拿捏好时间的长短，只有这样才能使面条入口有韧性，但又不黏牙，汤汁也才能充分地滋润面条，使面和汤达到完美的结合。

说起来，江南盛产稻谷，吃米才应是本地人的食俗，一碗面是如何征服江南人的胃的呢？据说，苏州的面食始于北宋，那时一些南迁的北方人带来了北方人的食俗——面条，于是一向以吃米饭为主的苏州人开始对面条有了兴趣。北方面相对粗犷，与苏州精细讲究的风格并不相搭，可是聪明的苏州人慢慢找到了适合自己口味的面条制法，发展到现在出现了不少响当当的百年老字号面店。

在苏州吃奥灶面，还有一个讲究，就是要吃“头汤面”。那何为“头汤面”呢？就是面馆早上刚开张时下的面。因为早上的煮面汤还是清的，所以这时煮好的面清爽滑溜，最是好吃。但是等到一锅汤煮了千碗面，那时面条就容易粘连成坨，完全失去了它本来爽滑的口感。所以，在苏州想吃到好面，就绝不能偷懒，一定要早起，否则吃到嘴里的面便全没了美妙的滋味。

我有一回问一个苏州土著，当地人爱吃奥灶面到了什么程度，他笑了笑说，这个不好说，不过就他所知，在东太湖大道上有一家名叫“奥灶馆”的面馆，光白汤的奥灶面一天就可以卖出上百斤。听得我直咂舌称奇。由此可见，奥灶面在苏州人的心里占据了多么重要的位置！

松鹤楼（吾悦店）

地址　吴江区太湖新城开平路 2188 号新城吾悦广场 4 楼 002 号

电话　0512-63437758

碧螺虾仁

茶的清香，虾的鲜美

碧螺虾仁是苏州的特色菜，知名度很高，现在在很多城市一些富有苏州特色的馆子里也可以品尝到。

不过，想真正品味出碧螺虾仁的个中滋味，还是要到苏州去，并且最好是在早春时节。

碧螺虾仁是由清炒虾仁改良而来的，只是用了碧螺春的第二道茶水。做时用盐和蛋清及干淀粉给虾上浆，下炒锅时用猪油，五成热时熘虾仁，等到虾仁变白用漏勺捞出沥干油，这时再下锅与碧螺春的茶水一起用旺火炒制，不用太长时间，翻几下就可以了。装盘时盘子周围放些泡过的茶叶，增添一点碧绿的色泽和淡淡的茶香，吃起来清鲜无比，看起来又十分赏心悦目。

苏州人用碧螺春入菜是因为有碧螺春产于太湖洞庭山这个便利条件。碧螺春是中国十大名茶之一，茶树常年在太湖水的蒸腾中滋养，又与果树间隔种植，因此茶味儿异常之香。又因为它的外形卷曲如螺，颜色碧如春光，故得名“碧螺春”。

苏系菜贵精贵细，凸显的特点，一个是少，一个是味美。“少”给人以

“物以稀为贵”的感觉，味美让人欲罢不能，一小碟精致的菜肴刚把人的馋虫勾上来，几筷子下去却又没有了。苏式菜常会卖弄出这种偷而不得的“风骚”，尤其是这道碧螺虾仁。

一个朋友曾经讲过他制作碧螺虾仁的往事。有一年春天，他的一个同事得了一包新茶，正是早春的碧螺春。同事慷慨地送了一些给朋友尝鲜。不过，他觉得碧螺春新茶很金贵，轻易买不到，直接泡来喝心里过不去，一琢磨，碧螺虾仁这道菜很久没有吃了，便收起茶叶准备做一顿好菜。第二天，这位朋友一大早爬起来去菜市场，买了最好最新鲜的太湖河虾。据他回忆，他当时拎着虾，走路都觉得轻飘飘的，因为这么好的原材料很难凑齐，而今天他就要做出一道真正的碧螺虾仁了，心里那份小小的激动和喜悦真是难以言表。他回家后，把虾一只只洗干净，小心地挤出虾仁，然后上锅翻炒，最后倒入泡好的碧绿茶汤。他记得那虾仁色如白玉，茶叶点缀于其间，入口时有点清新的茶香，虾肉鲜嫩弹牙，还透着点甘甜，真是世间难寻的美味。那个滋味，让他多年后还无比怀念。

现在，只要应季，在苏州的一些知名老店，如松鹤楼、得月楼等，都是有碧螺虾仁供应的，价格亲民，味道纯正，不会让人失望。

老朱馄饨汤圆

地址　吴江区淞兴路北侧华东农副产品市场内114号

电话　15151194514

苏州汤圆
咸甜皆宜的节日美食

很多人分不清元宵和汤圆。其实，元宵节所吃的元宵是北方的说法，是把馅料团放在米粉上像滚雪球那样一层一层地滚出来的。南方的汤圆是用米粉揉制成面团，再包入馅料捏制而成的。两者从外观和口感上都有不小的区别。北方的元宵未煮之时比较硬，外面的米粉粘得不是很牢，常常有米粉散落；南方的汤圆外表浑圆，十分光滑，一粒粒绵软晶莹。煮好后的元宵比较有嚼劲儿，馅儿也硬一些，而汤圆煮的时间短，入口软糯，馅料似粥状，香气浓郁。

古时候，因为南方的汤圆煮熟后要带汤水食用，所以就叫“汤圆”，也称“浮圆子”。取这个名字也是图“一家团圆、和睦幸福”的好意头。

苏州的汤圆和北方的元宵除了在制作流程上大为不同以外，在馅料上也有很大差异。北方人提起元宵，想到的一定是一种甜美的小食，而苏州的汤圆并不局限于甜口的馅料，还有咸口的，比如肉馅儿的汤圆。

苏州的肉馅儿汤圆从外形上看和甜口的汤圆是一样的，只是一口咬下去，在口腔里弥散开来的是鲜美的肉汁。许多老苏州人钟爱这一口，走到哪儿都惦记那鲜肉馅儿的汤圆。

苏州这种鲜肉馅儿的汤圆，其制作的过程和甜口的汤圆是一样的，只是做肉馅儿的时候，苏州人会特意加些糖来提鲜。过去的苏州人会在汤圆的肉馅儿里放不少的糖，现在人们都注重养生了，甜的吃得少了，所以许多卖汤圆的店也开始少放糖，有些甚至不再往肉馅儿里放糖。

过去，汤圆是一种小食，常常是一些小商小贩在路边摆摊子售卖，条件好一点的就给摆上两张小桌，几条长凳，食客买上一碗坐下就吃。小小的瓷碗里雪白的汤圆上还会漂着些金黄的腌桂花，甜香软糯。

如今，苏州鲜有在街头售卖汤圆的了，倒是那一家家小店里常年不缺这道小食，有些还做得相当有名气，引得众人都来品尝。我喜欢去的一家店在一个农副产品市场内，名字也简单直接，就叫“老朱馄饨汤圆”，店面不大，只有三四张桌子，不光卖汤圆，还有馄饨和其他一些小食。来这里的食客一般都会点上几个鲜肉汤圆，一两块钱一个，再要一碗小馄饨，胃口大些的还会再点个蟹粉小笼。这样的一顿早餐才是正宗的苏式早点，好吃管饱又不贵，保证每一个品尝过的人都忘不了它的滋味。

松鹤楼（吾悦店）

地址　吴江区太湖新城开平路 2188 号新城吾悦广场 4 楼 002 号

电话　0512-63437758

红烧肉

无人不爱的厚重滋味

各地都有红烧肉，做法不尽相同，即便是同一个地方，每个人对红烧肉的理解也都不太一样。如果在网上搜一搜红烧肉的做法，只怕会有十几二十几种做法。有的说要用酱油上色，有的说要炒糖色，有的说要用酒来煨，还有的说做时不能放水，等等。

记得小时候爸妈经常会为了一碗红烧肉是放冰糖还是放白糖而争论不休，而年幼的我可不管那么多，有红烧肉吃就很开心了。长大以后，为了自己在外也有红烧肉吃，便在回家时特意要求妈妈做了一次，我就在一边观摩，掌握了大概的方法和流程。不过，自己做的味道始终和妈妈做的不能比。

后来，我和同事去一家名气不小的馆子聚餐，同桌的几个都点了菜，问我想吃什么。我突然想起妈妈做的红烧肉，便试探地问了句：点个红烧肉可好？一桌子没一个人反对。我心里琢磨，也不知道是这群吃货太馋肉了，还是红烧肉的魅力实在太大。结果这碗苏州的红烧肉一上来，所有人的目光都集中在那碗色泽酱红、油光泛亮的肉块上。我夹起一块肉放在嘴里，酱油的咸香和冰糖的清甜一起袭来，细润绵长，瘦肉紧实，肥肉晶润微颤，肉皮韧性十足，合在一起那叫一个香，果然是不同凡响！

据说，让红烧肉闻名天下的人并不是毛主席，而是苏轼，他所“鼓吹”的“东坡肉”实质上就是红烧肉。传说，苏东坡爱民如子，无怨无悔地帮老百姓做了许多事情。他把老百姓送来的猪肉做成红烧肉回赠给他们，还写了首《炖肉歌》：“黄州好猪肉，价贱如粪土。富者不肯吃，贫者不解煮。慢着火，少着水，火候足时它自美。每日早来打一碗，饱得自家君莫管。”

当然，毛主席爱吃红烧肉也是全国皆知的。毛主席绝对是红烧肉的忠实拥趸，他日常生活俭朴，红烧肉算是生活中不可缺少的一抹亮色。长沙人根据毛主席的口味，研制出了一种“毛氏红烧肉”，现在它已经成为湘菜馆子里的看家菜了。

红烧肉在中国可谓历史悠久。清代就已经有制作红烧肉的详细记载了。清代的袁枚在《随园食单》里，记录了有关红烧肉的多种制作方法和注意事项：“或用甜酱，或用秋油，或竟不用秋油、甜酱。每肉一斤，用盐三钱，纯酒煨之；亦有用水者，但须熬干水汽。三种制法皆红如琉璃，不可加糖炒色。早起锅则黄，当可则红，过迟则红变紫，而精肉转硬。常起锅盖则油走，而味都在油中矣。大抵割肉虽方，以烂到不见锋棱，上口而精肉俱化为妙。”

红烧肉的制作可谓千人千种方法，但是从红烧肉的浓油赤酱的特点来看，它还是属于苏系菜。苏州人做菜，从挑选食材到调味炖煮，都很有自己的一套。他们做这道菜的功夫既深又精细，做出来的红烧肉肉质绵软油润不说，光那适口的甜咸巧搭就无人能及。所以，想品尝正宗的红烧肉，还是应该去苏州。

君悦广场的松鹤楼里的菜肴颇具苏州特色，尤其是苏氏红烧肉。上次，我和朋友专门为这道闻名已久的红烧肉而来。这里的苏氏红烧肉用瓷坛子慢慢煨煮而成，需要两个小时之久。一小块一小块肥瘦相间的五花肉簇拥在瓷坛子里，还冒着袅袅的热气。夹起一块，凑在嘴边吹凉一些，才送入口中。薄薄的一层皮韧性很足，浓郁的酱汁中有淡淡的甜味，却不过分，很爽口。中间的肥肉软软糯糯，飘散着浓郁的肉香，一点都不油腻，可见火候把握得恰到好处。

吃罢，我与朋友打着饱嗝走出饭店，那苏氏红烧肉甜蜜清香的味道仍萦绕于唇齿之间，让人在酒足饭饱之时，仍忍不住回味适才吃到的美味。

钦味捞鲜

地址　吴江区江陵东路南侧450号

电话　0512-63197777

腌笃鲜

小火炖就的咸鲜

腌笃鲜是苏州、上海等江南地区的人都很喜爱的一道味道鲜美的汤品。“腌笃鲜”这三个字是吴地方言，要用苏州话或者上海话来读才有味道，尤其是其中的“笃”，本身就是个象声词，老苏州人唇齿轻轻一碰就能蹦出这个字最正确的发音，这种地道的吴地方言里充满了他们对故乡的回忆。而这种回忆就是全家人围坐在桌边，等着那一锅正“笃笃笃”作响、还冒着热气的腌笃鲜送上桌来。对他们来说，冬日，这锅鲜汤既温暖了他们的肠胃，也温暖了他们的心。

苏州人做这道菜一定要用到的材料，首先是咸肉，也就是腌笃鲜中的“腌”；其次是新鲜的肉类，比如蹄髈、鸡架、排骨等，也就是腌笃鲜中的“鲜”。“腌”与“鲜”之间的“笃”，则是用小火慢炖的意思。

这道汤除了需要鲜肉和咸肉以外，还需要江南地区春季的应季蔬菜——鲜笋，没有这个笋，是无法炖煮出苏州人想要的那种鲜味的。

腌笃鲜是一道比较费工夫的汤菜，一般需要耗费大半天的时间。通常是先把笋剥好弄干净，再切成不太大的滚刀块，咸肉和鲜肉也都切成小的方块，鸡架和蹄髈这类的改一改刀，不要大得让人无法下口就可以了。

将这些材料准备好了以后，一起放入砂锅中。先用大火把水烧开，再用小火慢慢炖半天左右。开始加水时应该考虑到时间长的问题，尽量一次性把水加足，不要中途添水，不然会破坏掉食物的鲜味。

炖煮得差不多就可以起锅直接上桌了。有些老苏州人为了使汤味更加鲜美，还会在汤里添加各种鲜物，比如海鲜、青菜、豆制品。汤里的内容丰富，颜色必然会更好看，味道也会更丰富。浓白鲜香的汤里面漂着透亮的笋，酥烂的肉一碰就开，绿色的蔬菜点缀其间，真是一道色、香、味俱全的好汤。

小时候去外婆家，只要赶上过年，外婆总要炖一锅腌笃鲜给我们吃。外婆做这道汤菜的时候会选猪筒骨，说骨边肉香，再买些最新鲜的笋，配上一只鲜蹄髈。小炉子上那砂锅里的汤水“笃笃笃”地直响，成了我儿时暖暖的回忆。后来上了大学，好长时间才去一趟苏州，而外婆只要见到我们来，就会做这道汤菜，只是夏天没有春笋也没有冬笋，只能用些家里的咸笋替代。虽说味道上差了那么一点，天气也热，但是那种温暖的感觉依然在。

老庆泰羊肉馆

地址　吴江区穹隆路85号

电话　0512-66587178

冻羊糕

不松不散的佐酒佳品

说起苏州的冻羊糕，我就会想到一种和它类似的食物，叫肉皮冻。二者外形相似，但在我看来，苏州的冻羊糕更加美味，普通肉皮冻根本比不了。

苏州冻羊糕的做法并不复杂。据说，专做冻羊糕的店家一般用整羊来烧煮制作。做之前先把一只羊切成四五大块，然后把羊肉放入大锅里，加水用大火烧开，水开后撇去浮沫，取出羊肉，放入冷水中漂洗，同时把锅中的沉渣清理干净，然后再把羊肉放入之前炖的汤里，水一次性加足，烧开以后加盐，再煮3个小时左右，等到肉烂汤浓后，就可以出锅拆骨了。把肉装进方形或圆形的盆里，用浓汤把盆填平，放上一夜，第二天就能凝成羊糕。这样做出的冻羊糕结实，不松不散，现吃现切，用来下酒是最好的。

苏州的冻羊糕还是藏书羊肉店里的最有名。他们一般只在冬季制作冻羊糕，因为其他季节做冻羊糕需要使用冰箱，而他们认为冰箱冷藏室的温度降得太快，会破坏冻羊糕的味道和香味。藏书羊肉的代表店老庆泰羊肉馆一直坚持在室温下制作冻羊糕，所以有心品尝他家冻羊糕的顾客，只能耐心等到冬季的时候再说。

冻羊糕里面浓缩了鲜咸的味道，因为有胶质融入，所以冻羊糕入口微微弹牙，受到体温的影响又会慢慢地化开，鲜美的香气会随着化开的羊糕释放出来，别具风味。而且老庆泰的冻羊糕里面包括了羊腿、羊腩等，所以肉质细碎不柴，非常滑嫩，凡是尝过的都赞赏不已。

在苏州，冻羊糕做得好的除了藏书镇上的羊肉店，其实还有东山镇上的羊肉店。东山镇本地的湖羊肉质软嫩细滑，羊膻味轻。东山人至今还坚持使用古法来制作羊肉，几乎家家都有自己的一套煮羊肉的方法，轻易是不外传的。东山镇的羊肉制作多是私人作坊式的，因此在名气上不如藏书羊肉，但是在味道上并不输于藏书羊肉。据说，这地方的人在羊肉的整个制作过程中，除了加盐外，是不放其他任何调料的，我想这也是人们应该去品尝一下东山镇出产的冻羊糕的理由吧。

陈家糟坊

地址 吴江区竹行街122号

电话 0512-63338993

糟货

清新爽口的夏令美味

糟货是中国一种有着悠久历史的传统美食，最早记载于2000多年前的《楚辞》。吃糟本是先秦遗风，一直流传到了现在。糟货的兴起据说自南宋时开始，在当时的都城临安就有卖糟鲍鱼、糟蟹、糟猪头肉的；到了明清时，除了市场上有糟制品供应外，很多家庭也开始自制糟货，像《红楼梦》里宝玉就曾提到“姨妈家糟的鸭掌鹅信最好”，袁枚的《随园食单》中也有糟肉、糟鲞的记载。

说了这么多，有些完全不了解糟货的人，一定非常纳闷儿这个“糟”字到底指的是什么，心想这应该不是什么好的吃食吧！可是这个“糟”不是腐坏的意思，而是江南地区一种制作凉菜的方法，因为这种方法要用到酒糟，所以这类吃食就被称为“糟货”。“货”是对物的总称，并没有语言色彩。

江南地区制作的菜品中有两种和酒有关，一种是糟货，另一种是用酒调制的东西，两者的调料都源于酒，做法也有些相似，所以有“糟醉一家”的说法。江南自古是稻米的产地，也是黄酒的故乡，除了酒厂作坊制酒，普通人家也有酿米酒的习惯。秋收后，许多人家就陆续开始酿造米酒了。酒一多起来，酒糟也多了起来，自然为制作糟货创造了丰富的原材料。古人什么都可以入糟，有糟鸭、糟鹅、糟毛豆等，所以有一句夸张的话叫“入口之物，皆可糟之”。

糟货在整个江南地区都广受欢迎，像上海人就非常爱吃糟货，他们尤其喜好一种叫“糟钵头”的美味小吃。这种吃食将猪肚、猪蹄、猪肝以及五花肉放一起，加入火腿、香菇、面筋和笋片等配料，用高汤文火在小钵里慢炖上几个小时直到肉质酥烂，关火后再加上糟卤和青蒜，那味道清腴咸鲜，是烦闷的秋老虎之夜上海人难得的一点欢愉。以前提到猪下水，人们都会想到北方香味浓郁的卤煮，但是论起味道的香醇，卤煮还是敌不过江南的这一钵糟货。

上海人热爱糟钵头，苏州人常做的家常糟货则是糟毛豆、糟田螺、糟鸡等。

像糟毛豆就是盛夏之时最好的下酒菜。它的做法很简单，先是旺火快煮毛豆，煮开后捞出直接浸在糟卤中，泡几小时便可以上桌了。糟好的毛豆如新摘下来的一样翠绿。剥一颗，那口感脆韧爽滑，酒香含蓄悠远，远胜五香花生米的滋味。

除了糟毛豆，糟田螺也是苏州人极爱的美馔。一般买回田螺后，先养两天让它吐泥吐腥，然后捞出洗净，用葱姜水和黄酒煮以去腥，煮好后浸在糟卤中，等凉透就可以上桌了。那肉质鲜嫩有嚼劲，比用豆豉辣椒爆炒的田螺味道不知好多少，回味十分悠长。

有时，桌子上只有糟毛豆和糟田螺似乎还不够隆重，最好是能再来一盘糟鸡，这样就完美了。苏州人做糟鸡用的是上好的白斩鸡，用糟卤浸过，咬一口鸡肉，酒香顿时充盈口齿之间，再吃一点之前在糟卤里顺便浸上的鸡心、鸡爪之类的“什件”，那其中的美妙简直无法描述。

在苏州，最有名的糟货店是陈家糟坊，这是一家百年老店，里面糟货齐全。如今苏州的一些小店和超市里也有现成的糟货卖，规格不大，往往也就一小瓶，却是一份值得带回家和亲友一起分享的人间美味。

工业园区

感悟美味的每一个瞬间

苏州工业园区是全国首个开放创新综合试验区域。漫步街头，你会发现它不仅具有新时代的各种特征，也承载了苏州2000多年的历史与文化，还集中了苏州大部分的美食精华。

苏浙汇

地址　工业园区旺墩路268号圆融时代广场东生活休闲区6幢

电话　0512-66966166

清蒸鲥鱼

醇厚鲜美，惊艳众人

鲥鱼是一种每年都要从海里洄游到河里产卵的鱼。据说它极其娇嫩，离水就会死，只有住在河流附近的人才能品尝到它的鲜美，而且它很容易腐坏，放了一夜的鲥鱼会鲜味尽失。同时，它的上市时间只有它洄游到江河的20来天，错过了这段时间，就无法再捕到鲥鱼，鲥鱼的名字也由此而来。除此之外，鲥鱼还有一个奇特的地方，就是它一旦被渔网捕获，就不会再动弹，怕网把它的鳞破坏掉，所以过去它还有个名字叫“惜鳞鱼”。

平时，人们做鱼吃，在处理买来的鱼时都要刮掉鱼身上的鱼鳞，但是清洗鲥鱼的时候绝不能刮去它的鱼鳞，因为鲥鱼的鱼鳞下面含有丰富的脂肪，鱼鳞上还含有很多卵磷脂。把鲥鱼的鱼鳞留下来进行烹饪（据说鱼鳞在烹饪的过程中会融化并浸入鱼肉之中），能最大限度地保留它的鲜美肥嫩和丰富的营养物质，而且吃起来腴美异常。

鲥鱼的制作方法很多，可以蒸，可以煮，可以红烧，可以烤，但是最新鲜的鲥鱼一定要拿来清蒸，也只有清蒸才能让人们品尝到它那异乎寻常的美味。

中国人很早就知道鲥鱼的美味了。传说在东汉时期，光武帝刘秀在登基后曾经到处寻找当年和他一起打江山的严子陵。找到严子陵以后，刘秀邀请严子陵来朝廷做官，和他一起治理天下。然而严子陵说他离不开在富春江上垂钓的乐趣，还有清蒸鲥鱼的美味，所以不愿入朝做官。虽然故事里的严子陵只是把爱吃鲥鱼当作借口，可鲥鱼的美味却是货真价实的。许多文学大家都曾赋诗赞美过鲥鱼的鲜美。苏东坡就曾作诗云："芽姜紫醋炙银鱼，雪碗擎来二尺余。尚有桃花春气在，此中风味胜莼鲈。"有的还把鲥鱼比作西施："网得西施国色真，诗云南国有佳人。朝潮拍岸鳞浮玉，夜月寒光尾掉银。长恨黄梅催盛夏，难寻白雪继阳春。维其时矣文无赘，旨酒端宜式燕宾。"

文人墨客喜爱鲥鱼不过作诗两首便满足了心情，可皇帝也喜欢鲥鱼就是件非比寻常的大事了。鲥鱼虽然性情凶猛，但是娇嫩无比，离水就死，可皇帝偏偏要求地方献"鲥贡"。所以渔民捕捞到鲥鱼后必须将鱼丢入还没有凝结的猪油中，再快马加鞭3天内送进皇宫。明代就有诗人作诗云："五月鲥鱼已至燕，荔枝卢橘未应先。赐鲜遍及中珰第，荐熟应开寝庙筵。白日风尘驰驿骑，炎天冰雪护江船。银鳞细骨堪怜汝，玉箸金盘敢望传。"后来，"鲥贡"渐渐演变成一场劳民伤财，让百姓苦不堪言的差事。直到清康熙年间，一位官员上折子恳请康熙皇帝废止"鲥贡"并获得准奏，这件因鲥鱼而起的痛苦差事才算真正从历史上消失。

我小时候对鲥鱼的了解没有这么多，也从没有机会吃到过，这种金贵的鱼只是出现在妈妈的回忆里，那是她小时候不多的回忆之一。那时候，中国物资贫乏，但是在当季的时候，市场里也有鲥鱼售卖，姥姥见了会买一条回去，在江南长大的姥爷很会做这种鱼。

鲥鱼买回来后要把腮和内脏清理干净，但鳞是一定不能刮掉的。为了去腥，要先在沸水里过一遍，然后放在盘子里，放上猪油、糖、虾米、盐、料酒、葱和姜。那时条件有限，只有这些辅料，现在有些店家据说还会往里面放火腿、香菇之类的食材，以增加香味。将鱼用旺火蒸15分钟，汤汁可以单独调制，然后浇在鱼身上。吃的时候准备好香醋和姜丝即可。

不过，因为工序复杂，对食材要求高，现在一般家庭很少自己做这道菜了。想品尝这道美味，得去那些有点名气的大饭店才行。一日，经朋友推荐，我们来到了工业园区圆融时代广场的苏浙汇饭店，清蒸鲥鱼是这里的招牌菜。这里环境清幽，菜品丰富，口碑也不错。我们点了一份清蒸鲥鱼，非常醇厚鲜美，既有鱼的鲜味又有肉的香味，让人回味无穷。

一般来说，江苏镇江和浙江的富春江出产的鲥鱼最为鲜美，因为鱼洄游的距离比较恰当，身上的海腥气都已经洗除。而苏浙汇所选用的鲥鱼，都来自这两个地方，所以才能成为店里的“镇店之宝”，被食客广为称赞。

得月楼

地址 工业园区李公堤路8-18-22号

电话 0512-62656999

水晶肴肉

嫣红嫩冻，晶莹剔透

水晶肴肉是江苏地区的名馔，也是淮扬菜系里的代表，曾出现在“开国第一宴”上，也是“镇江三怪”之一。

水晶肴肉很受人们的欢迎，在苏南地区各个城市都有销售，现在很多地方的超市里也有真空包装好的肴肉。

这种肴肉色泽鲜亮，晶莹剔透，皮白肉红，吃起来细嫩爽口，香味醇厚，而且不腻，可谓“鲜、香、嫩、酥”，令人吃得停不下筷子。有古诗称赞这种肴肉“风光无限数今朝，更爱京口肉食烧。不腻微酥香味溢，嫣红嫩冻水晶肴”。

据说这肴肉的制成还是一个巧合。相传，古时有一对夫妻，开了一家小酒铺。一天，妻子给她父亲买了一包硝做炮仗用，结果硝买来后顺手放在了灶台上，丈夫粗心，以为是一包盐，就拿来腌猪蹄髈。等到妻子发现硝不见了踪影的时候，两人才发现硝被用来腌了猪蹄髈。不过，他们很快便发现，猪蹄髈非但没有坏，颜色反而更加红润，肉也变得紧致。两人做的是小本生意，觉得这么大一个蹄髈扔了可惜，可是吃了又怕中毒，于是想了个办法。先把蹄髈在水里泡一泡，然后洗净，这么来回弄几次，直到没有硝的味道为止。之后把蹄髈放进锅里，加上葱、姜和花椒，用小火慢煮。谁承想这样一弄满屋子都是一股奇异的肉香，香味甚至飘到了街上，引得神仙张果老来“尝鲜”，吃了以后赞不绝口，连要赴王母娘娘的蟠桃会这么大的事都忘了。从那时起，硝肉一下子名声大振，后人嫌硝肉的“硝”字不好听，就改成了“肴肉”。

我第一次吃到水晶肴肉是在春节的餐桌上，是家里亲戚从镇江带来的，当时觉得这道冷盘吃起来一点不腻口，非常爽滑好吃。第二次吃肴肉是在苏州的菜馆里，当时那肴肉切得很薄，看起更加诱人，滋味比第一次更胜，咸香的感觉特别浓。当时在座的一个朋友大概知道肴肉的制作过程，还有些调侃似的询问服务员这肴肉里的“硝”放多了是不是看起来更漂亮，结果那服务员不慌不忙地解释道，现在的肴肉在制作时对硝的用量有严格的控制，不是想用多少都可以的。

后来我有时间查了查肴肉的制作，发现现在制作肴肉确实要求严格，硝的用量控制得很低，却是不可缺少的一步。一般制作的时候要用配好比例的硝和盐抹在蹄髈表皮，一直用力揉搓。在用硝前，用竹签子在蹄髈上扎些小孔，再抹盐抹硝，那样效果会更好。揉搓后加入桂皮、八角和花椒之类，放入盆里或缸里腌制。根据季节的不同，腌制的时间也不同。夏天腌1天就可以了，冬天则要腌3天。腌好后，把蹄髈放在水里泡1小时左右，用刀把表面的杂质刮掉，直到肉皮变成白色。把处理好的蹄髈放锅里，加些老卤进去，用石头把肉压紧，然后开火煮。一般是先大火再文火，煮两三个小时后，把蹄髈翻个面，再煮1小时。肉变酥后就可以取出，把煮肉的卤汁浇在肉上面，再压上石头，等到它冷透了就成

了肴肉。吃的时候切片，配上醋和姜丝。

在苏州，得月楼的水晶肴肉非常有名。这家店古朴大气，人气很旺。来苏州游玩，一定要记得点上一盘水晶肴肉，这道菜品非常爽口开胃，会迅速打开你的味蕾，让你回味无穷。

得月楼（李公堤店）

地址 工业园区李公堤路8-18-22号

电话 0512-62656999

油爆虾
色香味俱全的夏初美食

人人都知道江南人爱吃虾，可是很多人不知道，这里所指的虾并不是那些离开大海，一路冷冻到市场的海虾，而是那种早上刚捕捞上岸，还活蹦乱跳的小河虾。

在苏州以及周边的地区，河虾最肥美的时候是在春末夏初，那时候的虾就要产子了，当地人管这种虾叫“子虾”。“子虾”的虾油似乎要挤爆虾壳，虾腹里挤满了虾子，虾头里满是虾膏。

这样的肥虾适宜做很多美食，像三虾面、三虾豆腐，每一种都鲜美至极，但是制作起来超级麻烦。因为这样的美食所需要的是虾子、虾膏还有虾仁。河虾个儿小，每只虾再肥，能剔出来的虾子、虾膏也就指甲盖那么多，若要凑足一盘菜，那可是费时费工的精细活儿，还得有足够的耐心，所以平常家庭是懒得做这样的菜的。

最便宜、最好吃的虾菜莫过于油爆虾了。做法很简单，根据个人喜好可分为两种。一种做法是嫩爆。先把买来的新鲜小河虾洗干净，剪掉头须，再沥干水分。往锅里面放油，油六成热时就可以把沥干的虾倒进去。因为河虾买回来时是活的，所以做的时候可以盖一会儿盖子再翻炒。等虾变红了，放入葱、姜炒出香味，加点料酒、盐、糖，炒匀就可以出锅了。这样快速翻炒出来的虾，虾壳光滑，有点硬度，虾肉十分嫩滑，口感弹口。另一种做法是老爆，方法和嫩爆基本相同，只是要入油锅炸制三遍。这样做出的虾壳酥肉韧，是另一种风味。

做油爆虾的关键是要保证虾的鲜活，从市场买回来新鲜的虾以后，要马上收拾制作，因为虾死后，味道要差很多，鲜嫩的口感也会消失殆尽。而且烹制的时候一定要沥干水分，不然下锅很容易炸锅。做的时候要先炸再调味，这样味道才能渗入虾身，好吃到停不下口。

苏州人一到春末夏初尤爱这道油爆虾。它老幼皆宜，做得酥的话，小孩子连皮一起吃，既好吃又补钙。

除了家里可以制作这道菜，应季时许多大小菜馆也做这道河鲜，差别无非是装盘后的美观与否。小店就随意把虾堆叠在一起，没个章法；大店精致些，会把虾子排整齐了，跟阅兵似的。不过，人们关心的并不是虾怎么码放，而是虾壳是否酥脆、虾肉是否新鲜、味道是不是咸甜适中。

这道正宗的苏式油爆虾应该是一道全方位无死角的美味，若你有兴趣想一试它的滋味，一定要在太湖白虾大量上市的时候，选一家有名的苏菜馆子，比如得月楼，好好品尝一下这道地道的苏州美食。

笃笃笃牌糖粥

地址 工业园区苏绣路苏州中心星悦汇街角七号L3-B03

电话 15599019976

桂花藕粉圆子

甜腻中的一点惊喜

南方人吃汤圆，并不只是在节日期间，而是在一年中的任何时候，因为这一口软糯甜腻是江南人生活中不可缺少的一部分。

江南地区的汤圆不管是甜口的还是咸口的，基本都是包出来的，和北方制作元宵的过程大为不同。但是藕粉圆子的做法却和北方的元宵差不多，也是“滚”出来的，而不是包制出来的。

南方传统的藕粉圆子常以金橘饼、花生仁、核桃仁、松子仁、蜜枣、芝麻酥、红绿丝等做馅心。一般先做好馅心。方法不复杂，先把这些馅料碾碎，然后拌匀。在这之前要提前用白糖和桂花腌猪油，腌制的过程需要一周，这样做出来的猪油叫糖板油丁。将糖板油丁和刚才拌匀的干果馅料和在一起，便可使那些馅料从散碎状成黏合状，这时用手团出桂圆大小的圆球，码放在案板上待用。这些圆球就是馅心。当然，除了上面提到的馅心，还有桂花、枣泥、芝麻、豆沙等其他馅心，可根据自己的口味选择。

馅心准备妥当之后，藕粉就要隆重登场了。先准备一锅烧开的水，水需要一直开着。把藕粉拿出来，用一个大一点的盘子盛着。把馅心放在盘子里，来回轻轻筛动，使馅心均匀地沾满藕粉，把粘满了藕粉的圆子下到滚水里，烫30秒，用漏勺舀出来，沥干水分，放到藕粉里滚一遍，再入开水里烫30秒。如此反复5次，藕粉圆子就做好了。做好的圆子可以用保鲜膜包好，直接放冰箱里冷冻，想吃的时候随时拿出来煮。

煮好的藕粉圆子呈茶褐色，半透明状，看起来晶莹剔透、小巧可爱，吃起来爽滑弹口，和汤圆的感觉大不一样。过去，江南人办喜宴一定会有藕粉圆子，因为它的寓意美好。如今，藕粉圆子是一种广受人们喜爱的休闲小点心，苏州一般的粥店里都有售，它和糖粥一样是人们常点的一种小食。

传说藕粉圆子是清代一位御厨发明的，很受皇帝喜爱，这个手艺后来随这位御厨告老还乡而传到了江南，并慢慢流传开来。

上次去苏州，天气寒冷，跑到笃笃笃糖粥那儿吃糖粥时看到有藕粉圆子，便也要了一碗。吃糖粥的地方不大，厨房又是半敞开式的，看得见里面煮圆子的过程。只见一个个雪白中带点紫莹莹感觉的圆子被丢下锅，不一会儿半透明的茶褐色小圆子就浮了上来，师傅盛了一碗，还在汤上撒了几朵金黄色的桂花，一端出来清香扑鼻。咬上一口，藕粉皮爽滑弹牙，馅心甜糯喷香。一个圆子能带来如此的张力，真是让人惊喜。

洋洋中餐馆（新光天地店）

地址　工业园区苏州大道东456号新光天地6楼

电话　0512-67881533

蟹粉豆腐

金黄幼白相融相杂

秋风起，江南人家里少不了的是各种做法的蟹菜。最大最肥的蟹当然要清蒸方能对得起它的丰腴。而个头儿小些的，若是不着急吃，可以先养两天再做。记得小时候，妈妈买多了螃蟹，总是把个头儿小的分出来，找块湿布盖上，放在冰箱里，养个两三天也不会死。

其实，对于个头儿略小且不一定用来清蒸的螃蟹，勤快点的江南主妇是要拿来拆蟹粉的。蟹粉可以做不少菜，做出来的菜味道特别油润鲜美，又可以避免买回的螃蟹因放的时间长而变瘦。

但是，拆蟹粉可不是一件轻松的活儿。以前的冰箱小，没放多少东西就满了，如果买的螃蟹多，妈妈就会坐下来静心拆蟹粉。周末的午后，太阳懒洋洋地照在阳台上，妈妈端个小桌子便开始了烦琐的拆蟹粉工作。蟹黄、蟹膏什么的最好弄，几下就收拾干净了。蟹腿、蟹夹子里的肉也算好拆，有吃蟹的工具，很快也解决了。最麻烦的是拆蟹身上的肉，需要足够的耐心和毅力才能完成。一般我的忍耐力是拆一只蟹，然后就跑去玩儿了，而妈妈要一直拆完所有的蟹，其间还要被我骚扰，要走一些蟹肉解馋。所以拆一碗蟹肉往往要用一下午。

有了拆好的蟹肉、蟹膏就可以做许多蟹菜了。在众多的蟹菜中，我最喜欢的是蟹粉豆腐，这也是许多老苏州人爱在家制作的一道好菜。

首先把拆好的蟹肉和蟹膏一起剁碎，放着备用。然后将南方人很爱吃的嫩豆腐，就是石膏豆腐，切成小块儿。这种豆腐嫩滑得很，动刀切时一定要非常小心。在锅里加水烧开，把豆腐轻轻滑进去，放一小撮盐，汆一下再捞出，以去除豆腐的豆腥气。这时可以往炒锅内放油了。蟹油和猪油更加正宗，如果没有，普通的油也可以。油热之后，先把蟹粉和姜末放进去来回翻炒，同时放点料酒去腥，然后倒入高汤，等汤煮开了转文火，慢慢熬出蟹粉的香气，这时把汆好的豆腐放进去焖煮一会儿。豆腐已经烫过，在汤里煮一会儿即可，煮得差不多的时候加盐调味儿，最后用湿淀粉勾芡就可以出锅了。

每次妈妈把做好的蟹粉豆腐往桌上一放，我就馋嘴地凑上去，拿起调羹舀起一勺，猛吹两下，顾不得还有点烫就放进嘴里。那刚出锅的蟹粉豆腐又热又香，鲜美的蟹裹挟着嫩滑无比的豆腐，来不及细嚼就滑入食道，那种满足和快感是无法用语言形容的。

到苏州吃蟹粉豆腐，我觉得苏州大道的洋洋中餐馆是个不错的选择，那里虽然不像松鹤楼、得月楼那样名满天下，可是菜品丰富，样样做得扎实，一点不偷工减料，很注重菜品的质量，到了饭点也是人满为患，不排队根本抢不到位置。店里的老板娘很热情，所以回头客极多，来这里吃苏州的本土菜，比如蟹粉豆腐，一定会不虚此行。

南京大牌档（苏州中心店）

地址　工业园区苏绣路苏州中信A区5楼

电话　0512-65135077

清炒芦蒿

清脆爽口的江南时蔬

过去，芦蒿大概只有江南人才吃得上，而且就算在江南，也只有在3月才有。那时，因为芦蒿是时令蔬菜，所以人们常常会一次买很多，放在阴凉的地方，在上面铺上稻草，或者用蒲包包起来，每天在上面洒点水，便可以天天吃新鲜的芦蒿了，不必担心下市的问题。

小时候，每到初春的时节，就会有小贩卖芦蒿，妈妈是一定要去买些回来的。可能因为这东西不常能吃到，所以每次见妈妈买回来我总是很开心地帮着择菜。和大多数菜不一样，芦蒿的叶子并不怎么好吃，吃的主要是它的嫩茎。择菜时去掉老梗，去掉叶子，只留下最嫩的茎秆，长长短短一小盆，青翠青翠的，淘洗干净就可以炒了。

《红楼梦》里晴雯也喜欢吃芦蒿，还不要肉炒也不要鸡蛋炒，只让放些面筋，以保持那种清淡的口感。

普通人家吃芦蒿也不讲究配多贵的菜，最好就是清炒。一般是先把油烧热，连葱、姜也不放，直接把芦蒿放进去，大火快炒，再放些盐、糖。芦蒿脆嫩，容易熟，翻炒片刻就可以装盘了。那青翠欲滴的芦蒿嫩茎堆在洁白的瓷盘里，散发出一股特殊的清香。吃的时候，配一碗米饭就可以了，其他的菜全可省略。清炒芦蒿清香满口又脆嫩无比。

据说，芦蒿不仅吃起来脆嫩，还有许多保健作用，比如开胃、解毒、清热、降血压、降血脂，是一道美味又健康的春季蔬菜。

除了清炒之外，芦蒿的烹饪方法其实还有很多：可以用肉丝炒芦蒿，这是江南人很喜欢的一道菜；可以用江南特有的香干来炒芦蒿，也是无比的美味；可以用臭干炒芦蒿，香臭搭配，风味更加独特；可以用芦蒿做汤，在汤里加些火腿丝和春笋，也是无上的美味。总之，芦蒿在烹饪上是很百搭的，很多东西都可以和它一起制作，全看个人的喜好。

现在，野生的芦蒿根本供应不了这么多喜爱它的食客，所以开始有人用暖棚种植芦蒿，这样一年四季都能吃到芦蒿，不会再像过去那样眼巴巴地盼到春天才吃得上。不过，人工种植的芦蒿总让人感觉比野生的少了些香气，吃起来感觉也不够脆嫩，所以最好还是在初春的时候到农村田间走一走，去农家买些当天现摘的芦蒿，回去自己做，这样才能感受得到江南真正的春之滋味。

作为一道比较特殊的时令蔬菜，清炒野生芦蒿基本上只能在每年的3月吃到。今年3月，我和几位好友慕名来到位于苏绣路上的南京大牌档，听说这里的清炒芦蒿保留了芦蒿最传统的味道。服务员说，这里的清炒芦蒿用的是每天清晨店里的人去菜市场采购的当日最新鲜的芦蒿。菜一上来，我便夹起满满一筷子送入嘴中，大嚼特嚼，清新爽脆的口感真过瘾！

苏城家宴（李公堤店）

地址　工业园区李公堤路43-45号

电话　0512-62875088

鱼头豆腐汤

时间煨煮出来的香浓

鱼头豆腐汤，也叫砂锅鱼头豆腐，是苏州的一道家常菜。

苏州水系发达，河鲜丰富，鳙鱼、白鲢都比较常见，其中鳙鱼是苏州人心中做鱼头豆腐的最佳食材。鳙鱼是我国常见的淡水鱼之一，在江浙地区也叫花鲢或胖头鱼。之所以叫它胖头鱼，主要是因为它的鱼头个大肉厚。国内的许多地方也都是吃这种鱼的鱼头，像湘菜里的剁椒鱼头用的就是鳙鱼的鱼头。一般苏州人为了买到新鲜的鱼头，总是赶早到市场去，鱼贩们也都是现杀活鱼，剁下鱼头出售，剩下的鱼身子由于肉少味道也一般，常常会被扔掉。

一般来说，只要鳙鱼选得好、新鲜，炖出来的鱼头汤自然会很鲜美，而且鱼肉吃到嘴里还会有股甜甜的味道。

鱼头豆腐汤这个菜其实南北方人都爱做，不过，由于南北方所用的豆腐不太一样，所以做出来的汤也不太一样。北方人喜吃卤水豆腐，所以配鱼头汤用的也是卤水豆腐；南方人，尤其苏州人一般吃石膏豆腐，所以做鱼头汤时也是用石膏豆腐。

两种豆腐都吃过的人知道，卤水豆腐和石膏豆腐味道差别很大，像我就觉得用卤水豆腐做出的这道汤菜，味道稍重，容易带出鱼头的泥腥气来。当然，北方人做这道菜时比较重调味，这样倒也能掩盖一些卤水的味道。

真正的苏州鱼头豆腐汤，选用的一定是精挑细选出来的石膏豆腐，这样的豆腐嫩滑，不带一点豆腥气，与鳙鱼一起炖，可以增加这道汤的鲜滑口感。

除了重要的配菜豆腐，苏州人在做这道汤时还讲究用砂锅，一则砂锅热得慢，可以使鳙鱼的鲜味慢慢地散发出来；二则砂锅保温性特别好，可长时间保持高温，让鱼头的鲜味聚而不散。

用砂锅炖煮好这道菜后，撒上些青蒜和香菜，那味道更是超凡出众，品一口汤，那股热乎乎的鲜香简直可以直达灵魂深处！

那次和父母出去吃饭，选了口碑很好和人气很旺的苏城家宴，看到有鱼头豆腐汤妈妈就想尝尝，说饭店里炖得更好吃，我深不以为然，不过还是点了。鱼头豆腐汤要炖要煮，上得自然慢，在这道汤菜上来之前我已经大快朵颐了一阵，吃了个半饱，本以为不会吃几口这道有些清淡的菜。这道鱼头豆腐汤端上来后，只见浓白的汤汁冒着袅袅热气，雪白的豆腐看起来细嫩柔滑，绿绿的碎叶漂在汤面上，别提多美了。此时，我顾不上什么吃相不吃相的，拿起汤匙先舀了一勺尝鲜，那滋味真是终生难忘，太鲜美了！这道看似清淡的汤菜很快就被我们三人解决掉了，当时正值冬日的午后，吃完这道汤菜后的热和劲儿现在我都还记得。

苏州洲际酒店绣中餐厅

地址　工业园区旺墩路288号洲际酒店1楼

电话　0512-62858888

大煮干丝

吸足了精华的淮扬一碗鲜

大煮干丝这道汤菜在过去叫九丝汤，据说是当年乾隆皇帝南巡时，地方官员特意为他准备的。《调鼎集》这部书谈及这道菜的原料，有“火腿丝、笋丝、银鱼丝、木耳、口蘑、千张、腐干、紫菜、蛋皮、青笋，或加海参、鱼翅、蛏干、燕窝”。单看这张菜谱就能感觉到富贵和帝王之家的排场，想想一个寻常百姓家怎么可能在一个汤菜里添这么多的好东西？所以，这道菜流入民间之后，很快被改良成了以千张为主料的普通菜品——大煮干丝，那些金贵得很的燕窝、鱼翅都不见了踪影，只有口感特别鲜美却又不非常昂贵的火腿基本保留了下来。

大煮干丝这道菜除了精于选料，还特别注重刀工，这一点和很多菜品都不一样。尤其是大店里做这道菜时，对刀工要求更是精益求精，厨师的刀工可以说是出神入化。而且据说只有把千张切成细如发丝状，菜的口感和味道才能达到最佳。

现在，标准的大煮干丝要用上等的淮扬白干，用刀横着片成18片才算基本合格，如果能片出24片当然更好。片好后，把白干片码齐进行切丝，要求是又快又细，最起码每条干丝的粗细不能超过一根火柴梗。当然，这是最低要求，许多大师级厨师切的白干细如发丝，令人称绝。

切好后的白干丝要放在沸水里焯两次，再用清水过一遍，为的是去除白干里面的豆腥气。然后要备齐虾仁、火腿丝等配菜，将需要用到的笋切成细丝，放热水里焯一下。

做的时候，一定要用鸡汤，不然吊不出火腿和笋的鲜味来。在鸡汤中先加入火腿丝，再分别加入干丝和其他配菜，大火烧开后加盐，然后改为文火，焖煮一会儿就可以出锅了。

吃的时候若在干丝上面加点绿叶菜，会既味美又好看。煮好的干丝吸足了鸡汤、火腿和鲜笋的精华，味道极为丰富，口感的层次也十分分明，吃起来绵软香醇，让人难忘。

大煮干丝本是扬州菜的代表，老扬州人喜欢在喝早茶的时候，点一笼包子，叫一壶茶，再添一碗干丝，悠闲地吃，很是惬意。清代有文人生动地描绘了扬州人吃干丝的情景："扬州好，茶社客堪邀。加料干丝堆细缕，熟铜烟袋卧长苗，烧酒水晶肴。"

虽说干丝是扬州人爱吃的美食，可相隔不远的苏州也因同为淮扬菜系而对大煮干丝喜爱有加。苏州的饭店对这道菜从刀工到口感都处理得相当不错，人们完全可以在苏州顺道一起品尝一下这道曾经的皇家菜品的鲜美滋味。

老苏州大课堂

地址　工业园区旺墩路269号圆融星座3楼

电话　0512-67243177

红糖桂花芋艿

中秋时节的绵软甜香

苏州人在饮食上很讲究时令，尤其是红糖桂花芋艿这种小食，只有一个来月的上市时间，一旦过了10月中旬，在苏州便很难寻到它的身影了。

红糖桂花芋艿甜香扑鼻，做法也非常简单，只需要准备好芋艿、红糖和桂花这三样材料就可以了。做的时候，先把新鲜的芋艿去皮，然后切成适口的小块（也可做成其他形状），用开水焯一下，因为芋艿不焯的话会有些麻嘴。焯好后，把芋艿放入锅中，加水，在水里放一个装有苏木（一种中药材）的布袋，然后将芋艿煮熟，这时放入红糖，也可以放一点食用碱，再用文火熬煮大概半个小时。出锅时撒上桂花，就可以食用了。

红糖桂花芋艿虽说是一种小食，渊源却颇为悠远。相传，东汉的开国皇帝刘秀当年被王莽从皇宫给赶了出来，一时无处藏身，后来听说太湖里面岛屿很多，便躲到了一个叫马迹山的村子里。刘秀在那儿待了一阵子，听到当地的老百姓聊起金芋头的故事，心想自己现在流落在外，正需要资金重振雄风，要是真有金芋头这样的好东西，岂不是天助我也，回宫有望了吗？刘秀想到这里便打定主意要找到那金芋头。

一天，他召集了一帮人，带着这些人一起上山去找金芋头。可马迹山这边的山峰，每一座都很陡峭，山上树木成荫，风景十分秀丽。站在山下往上看，白云缕缕，几乎不见山顶；到了山顶之上，往下一看，万顷太湖尽收眼底。刘秀和手下将士从早寻到晚，整整找了一天，却什么也没找到，肚里饿得咕咕直叫，便在地上随意寻找，发现地下有许多芋头已经成熟，于是挖出一些，在山涧里清洗干净。这芋头外面有一层金黄色的皮，里面有白玉般的肉，吃一口又嫩又脆，十分可口。这些人平时吃惯了大鱼大肉，没尝过这山野之物的味道，竟觉得越吃越好吃，刘秀这时脱口而出："生的都这么好吃，烧熟了一定更好吃。"从此以后，虽然生的芋头也很甜脆，但人们总要烧熟了才吃。而每到中秋节的时候，马迹山的人都要用"烧糖芋头"来庆祝这个节日，这个习惯一直沿袭到现在，后来苏州市区的人们也渐渐爱上了这道小食。

我第一次尝到红糖桂花芋艿是在旺墩路的一家老苏州大课堂，当时看到菜单上竟然有红糖桂花芋艿，便叫了一碗来尝。那碗热腾腾的芋艿端上来时，光那桂花的香气就勾得我馋虫都要出来了。我顾不上烫，赶紧舀了一勺送进嘴里，那甜香软糯的口感和清甜温润的味道一下子就迷住了我，一小碗红糖桂花芋艿很快就吃了个精光。后来在山塘街上闲逛时也遇到过卖红糖桂花芋艿的小摊，周围也是围满了人。这里的红糖桂花芋艿是盛在一只小的塑料碗里的，看着也很诱

人，香气飘得半条街都能闻到。不过，在路边吃这道甜食并不适合我，因为它很容易冷掉，我更喜欢在店里坐着享受那种温暖甜香的感觉。急匆匆地吃下一碗红糖桂花芋艿，是很难品得出它里面包含的苏州那种慢悠悠的韵味的。

阳澄湖品鲜村农家乐

地址 工业园区浅水湾商业街103号

电话 13913126692

炝虾

让人沉醉其中的江浙美食

炝，是中国烹饪的一种方法。一般是把食材切成小块，用沸水焯或者用油滑过，再趁热加入一些调味品。而炝虾的做法却略有不同。一则炝虾的原料不用切，要用整只虾；二则用的不是热水或热油，而是白酒。

我第一次吃炝虾是在浅水湾商业街上的阳澄湖品鲜村农家乐，饭店的主厨是苏州人，一桌子人特意点了这道风味小吃来助兴。菜端上来的时候，服务员手里捧的是一只带银色盖子的水晶托盘，从那透明的盘子可以看到白虾还在里面跳动。当时一桌人大概只有我没有吃过，所以看着活蹦乱跳的虾，我不禁有些胆寒。不过，因为久闻这道美食，很渴望尝试一下，所以就一直在心里给自己打气。

当时，同桌的一位老者见我面有惧色，就知道我没吃过炝虾，于是很有耐心地给我普及了一下炝虾的基本知识。

据他说，炝虾的制作过程很简单。一般是先将鲜活的虾在清水里养一养，让它吐净体内的污物，然后将虾放到有盖子的容器里，淋上事先预备好的调料，盖上盖子，用力摇几下，再稍微焖一焖就可以吃了。

炝虾有两种方法。一种是用白酒来炝，这种炝法可以消毒杀菌，还可以把虾炝晕，并且酒性热，可以中和虾的凉性。另一种是用胡椒粉来炝，这种炝法既可以炝晕虾也可以杀菌，炝时放入糖、料酒、醋、白酒、姜末、盐等调料。这种做法在调料的配制上对厨师要求比较高，厨师拿捏不好的话，会影响虾的味道。

当时我们点的炝虾是用白酒炝过的。桌上的吃虾老手，因为有多年吃炝虾的经验，所以吃的时候面色平静，略带享受状。他们把虾丢到嘴里，凭借舌尖的灵活就可以很快把虾肉从壳里取出来，不一会儿工夫桌上已经一排虾壳，场面很是壮观。

我因为是第一次吃，所以十分小心，看着别人吃了几只，才夹起一只略小的虾放到嘴里。白酒炝过的虾在嘴里剧烈地蹦跳，我的心吓得差点儿停掉。好不容易才用舌头制服了狂跳不已的虾，再尽力脱壳取肉。当一条完整的虾肉被剔出来时，我轻轻地咀嚼了两下，一股浓浓的酒香和鲜爽的口感顿时袭了上来，那味道瞬间征服了我，我心中不禁感叹：这鲜弹有韧劲的虾肉真是人间美味啊！

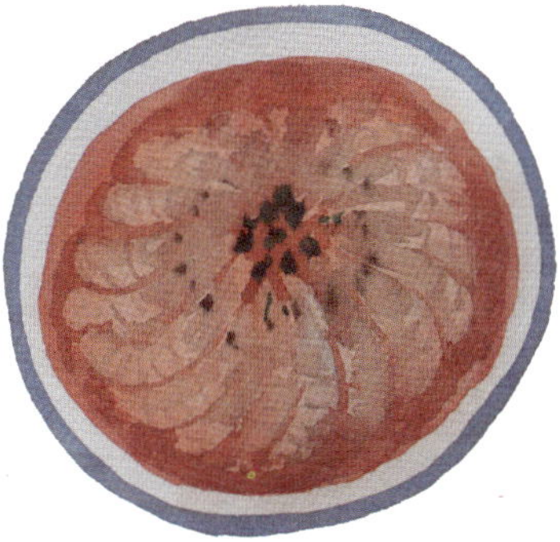

黎里高记辣脚

地址　工业园区星湖街178号湖东邻里中心生鲜菜场

电话　13584872586

黎里辣鸡脚

入我吴门也温柔

黎里辣鸡脚，名字听起来不太文雅，却是苏州很有名的一种小吃。它并不是起源于苏州，而是从四川的泡椒凤爪这个菜发展而来。

黎里是苏州的一个小镇，风景十分美丽，是很多游客喜欢的一个游览胜地。在苏州，凡是用地名命名的菜肴，都有着“致命”的诱惑力，黎里辣鸡脚便是一个典型。

黎里辣鸡脚始兴于20世纪80年代末，那时黎里辣鸡脚一般在搭有玻璃篷的三轮车上销售。据最早制作和经营黎里辣鸡脚的老板说，过去黎里没有吃鸡脚的传统，是一次有人在四川吃到了泡椒凤爪的冷盘，觉得味道十分不错，于是回到黎里后就将它引进来。

刚引进来的时候，制作的师傅们还是按照四川的制法，结果味道实在太辣，不符合江南水乡的人喜甜的饮食习惯，所以卖得并不好，于是这些卖鸡脚的师傅们便开始研究如何改进辣鸡脚的口味，以迎合黎里人的饮食习惯。

经过多年的钻研，他们终于将鸡脚改良成集甜、辣、酸于一体，带着纯正“黎里味”的辣鸡脚。

改进后的黎里辣鸡脚很快就得到了本地人的追捧，常常是不到傍晚时分，辣鸡脚就已经销售一空。

如今黎里高记辣脚的几家分店从凌晨3点钟就起来忙活，即便这样，辣鸡脚还是供不应求，只够卖到中午，下午的货还要再准备，由此可见它有多受欢迎。

在黎里卖了二十几年辣鸡脚的老板说，别看这只是一个小吃，里面的名堂可不少。要做好这道辣鸡脚，需要十几种作料，如盐、糖、料酒、醋、老姜、小葱、蒜头、辣椒等。每一种作料应该放多少，都影响着辣鸡脚的味道。在他看来，最理想的口感应该是酸中带甜、甜中有些辣、鲜酥入味，这样的鸡脚会让吃的人欲罢不能。

最初辣鸡脚多是用来下酒的，也会被当作冷盘端上餐桌。现在，它已经成为黎里人拿来解馋的零食，很多人在看电视、与朋友闲聊的时候都习惯吃辣鸡脚。

黎里辣鸡脚虽源于川菜，却不像川派的鸡脚那样要去骨，只是在脚掌肉比较厚的地方划一刀，使鸡脚入味。吃的时候，一定要用手拿着吃，去骨慢慢品尝，这样虽不雅，却能吃出最原始的黎里辣鸡脚的美味来。

松鹤楼（圆融店）

地址　工业园区旺墩路269号圆融购物中心B1

电话　0512-62607768

苏州卤鸭

清淡雅致的家常冷盘

苏州卤鸭是苏州菜里一道著名的冷盘。这道菜色泽酱红，鸭肉鲜嫩，皮肥但不腻，香醇味厚，以前只有在夏季的时候上市，现在一年四季都可以吃到，是苏州人非常喜欢的一道菜。

这道菜制作起来并不复杂，需要嫩鸭一只（去掉鸭脚），还有一些猪肥膘。将两者一起放到锅里，加入清水（没过鸭子），放在大火上烧滚，把浮沫撇掉。水开后把红曲粉、盐、酱油、冰糖、桂皮、八角、葱、姜一起放入水中，用一只盘子压住鸭子，盖上盖子，用中火炖1小时左右。把锅盖打开，把鸭子翻个儿，然后继续用中火炖煮，1小时之后将鸭子捞出，鸭腹朝上放在大盘子里凉凉。

卤鸭煮好后，煮鸭子的汤汁要保留下来，当作鸭子的浇头，但需要重新加工一下。一般是把鸭汤里的渣滓滤干净，然后加入白糖，开火烧至汤汁黏稠，用水淀粉勾芡一下，再淋点麻油就可以了。

为了美观，卤鸭上桌前需要进行改刀，切好后把熬制好的汤汁浇在上面，一道完美的苏州卤鸭就算大功告成了。

知道了卤鸭的做法后，你会发现，这道菜里面要反复加入一种调料，那就是白糖。有的老苏州人做这道菜时盐和糖的比例甚至可能达到1:5，以至有的北方人咬了一口这卤鸭后，此生都不想再吃任何关于鸭子的菜了——实在是太甜了。

但是，这道菜之所以在苏州广受人们喜爱，其中一个重要的原因就是它的味道非常甜。以前常听人说上海菜太甜。殊不知，上海菜的这点甜和苏州菜一比，完全是小巫见大巫了。有人说，上海人在做菜时如果多加了一份糖，就会往菜里多添一味咸，因为怕甜过了头；可苏州人做菜的时候，总怕这菜不够甜，非得把菜做得和蜜糖一样才觉得是到位了。如果说北京烤鸭就着大葱，好像一个生猛的北方汉子，那苏式卤鸭就有点像一个笑靥如花的姑苏小姐，美而不媚俗，直甜到你的心坎里！

虎丘区

在苏帮菜中领悟四季更迭

白马涧的夏天浓荫蔽日，木渎的春日阳光明媚，太湖之滨的灵岩山上秋叶令人迷醉，虎丘山上苏州的暖冬依旧青翠。走在虎丘山下，品味历史的风起云涌。无论是温暖的街头小吃，还是雅致的名厨佳肴，都是姑苏古城最本真的味道。

渔港一号

地址　虎丘区镇湖街道贡山路186号

电话　13771835091

乌米饭

家家皆烹，户户皆食

最初听到“乌米饭”这个名字，以为这种米饭就是用现在常见的黑米煮成的，而后来深入了解才知道，乌米并不是本来就黑，而是用一种特殊的植物汁液将粳米染黑后煮制而成的。

乌米饭是汉族的民间节日食物，唐代时就已经出现了。在江苏和安徽地区，每到农历四月初八，很多人家就会用乌树叶和糯米一起蒸煮，做乌米饭。

关于乌米饭还有一个挺有名的传说，这个传说与孙膑有关。据说在战国时，庞涓和孙膑一起拜鬼谷子为师，学习兵法。庞涓这个人急于求成，学了些皮毛就不肯再学，执意下山走了。而孙膑一直勤奋好学，鬼谷子很器重这个学生，将兵法的精华都传授给了孙膑。后来这事被庞涓知道了，他非常忌妒孙膑，想害死孙膑，于是有一天故意让孙膑到家里吃饭，然后使诡计弄瘸了孙膑的腿，最后把瘸腿的孙膑关进囹圄中，让他把兵法都写出来。孙膑知道写了兵法也活不了命，便故意装疯卖傻，庞涓怀疑孙膑是装的，就把他扔进了猪圈。有个老狱卒心眼挺好的，觉得孙膑那个样子实在可怜，就每天把糯米用乌树叶浸泡了，再煮熟，捏成一个个小团子给孙膑吃。庞涓看得不仔细，还以为孙膑吃的是猪粪，慢慢就放松了对孙膑的看管。没过多久，齐国派人救出了孙膑，孙膑在齐国实现了自己的军事梦想，并且打败和杀死了庞涓。所以说，孙膑能够活下来，全靠老狱卒的乌米饭。后来，每年的立夏之日，人们也蒸煮乌米饭吃，有求庇护之意。

这个故事是众多关于乌米饭的传说中最为生动的一个，我个人非常喜欢，只是真正的乌米饭并不像故事中所说的那样好做。

一位苏州本地人是这样介绍乌米饭的做法的：应季的时候，先去市场买些乌饭草头（一种植物嫩叶和嫩芽）。买回来以后，先把叶子捣得碎碎的，然后把糯米和碎叶子放进50摄氏度左右的水中，再放上少许明矾，为的是让草头的颜色能染到米上去。米要用糯米，因为粳米几乎染不上颜色，煮出来的饭还是白的。将糯米和乌树叶一起浸泡10小时左右，之后就可以上锅煮了。也可以把染好的乌米放在笼屉里，蒸一会儿，然后放到太阳下晒干，这样便可以保存一段时间，想吃的时候随时拿出来煮。

一道看似简单的乌米饭却要经过这么复杂和漫长的等待，就像人生中的许多事情，看似简单得不值一提，想完成却并不容易。

王氏双塔（新升店）

地址　虎丘区玉山路新升新苑北门往南 50 米

电话　18005760579

豆腐花
小而鲜的老苏州味道

苏州的豆腐花在整个江苏都是有口皆碑的。据一些土生土长的苏州当地人说，他们小时候的豆腐花更有滋味。那时候的豆腐花是挑着担子吆喝着卖的，卖豆腐花的人走街串巷，不辞辛苦，给人们送去许多鲜美的记忆。

那时候，苏州卖豆腐花的担子虽然很小，可五脏俱全，做一碗豆腐花所需要的一应家伙都在上面挑着呢。

那担子的前担子里有台面、炉担座、一只汤锅和一个调料座。前担子的箱子中间有个洞，把汤锅放在上面，下面是一只黄泥炭炉子，豆腐花要用的汤就放在炉子上温着，旁边还有一摞白瓷碗。调料座上摆着丰富的配料，有榨菜末、碎木耳、鸡蛋丝、紫菜、金针菇丝、青蒜末、糖、味精、虾米，远远看去五颜六色，煞是好看。后担子上有一只半人高的圆木桶，桶里面放着一个瓷瓮，瓮里面装的就是雪白嫩滑的豆腐花。木桶上面还有一个木头盖子，有时候可以充当木凳，让卖豆腐花的歇个脚。

记得当时听到老苏州人描绘卖豆腐花的场景时，我的口水都要流下来了，可惜如今在苏州再也看不到这样的豆腐花担子了。

过去的豆腐花好吃主要离不开配料的讲究和汤头的鲜美。据说那个时候的豆腐花汤头有清汤和浑汤之分。在汤料相同的情况下，往清汤里勾入菱粉兑出的薄芡，汤汁就厚重了起来，变成了浑汤。清汤一般是春夏时节用，为的是入口清爽。浑汤是秋冬时节用，为的是吃起来滑润肥腴，而且也更容易保温。有了精心准备的汤汁，这碗豆腐花想不好吃都难。过去的豆腐花好吃，除了汤汁和配料，那个年代的秋油也是关键。过去没有生抽和老抽，只有秋油一种，并且分为上、中、下三等。那时卖豆腐花的人在选择秋油上是很舍得的，总选择最好的秋油，买回去后还要自己熬制。有的小贩为了让豆腐花鲜美，甚至会在熬制秋油的时候加入虾子，这样的豆腐花做出来美味无比。

有一次在苏州虎丘区的时候，一个苏州的老同学推荐我去玉山路的王氏双塔吃早点，去了以后发现竟然有豆腐花，于是叫了一碗。那滋味很是鲜美，让我立刻联想到老苏州那种浇了虾子秋油的豆腐花，至今我仍怀念那碗吃完后浑身都舒爽的豆腐花！

当穿梭在苏州城内的亭台楼榭、小桥流水时，请不要急着离开。去那些小巷子里逛一逛，那一家挨着一家的豆腐脑店里悠悠散发着清新的香味。各家口味略有不同，却都有着自家的妙处，可口而惹人垂涎。来上一碗清新宜人的美味豆腐花，必定让你的苏州之旅圆满！

芒果餐厅（时尚水岸店）

地址 虎丘区武夷山路69号4幢

电话 15062350967

三鲜锅巴

一声巨响中的酥脆鲜香

锅巴乃寻常小吃，盛产大米的江南从来不缺锅巴。苏州有一道菜，用的是锅巴，做法简单却奇特，吃的时候声音大、气势强，吃过的人都对它难以忘怀，这道菜就是三鲜锅巴。

这道菜还有个别名，叫“平地一声雷”。不了解这道菜的人一定会觉得这名字起得古怪，但是了解了这道菜是如何做成的，也就不觉得奇怪了。

一次偶然的机会，我在一家饭店里见到了这道菜。菜开始端上来的时候就是一盘普通的锅巴，只是饭店讲究，将锅巴堆得恰到好处，很是美观。然后一个厨师模样的人走上前来，把一碗茄汁状的汤浇在了锅巴的上面。因为汤是刚烧开的，所以刚浇到锅巴上锅巴就发出“刺啦”一声巨响，着实把从未吃过这道菜的我吓了一跳。朋友笑着解释道，这就是著名的三鲜锅巴，吃的就是那一声响，说完忙招呼我尝尝。我夹起一块浇了茄汁的锅巴咬了一口，果然鲜香松脆，味道和口感俱佳，不禁连连称赞。这道菜是要趁热吃的，所以很快就被大伙吃完了。

传说，民国时期，当时的中央组织部部长陈果夫在江苏举办了一场全省物品博览会。借着这个机会，他发现江苏的美食很多，于是组织了一次评选，结果选出了30多道代表菜，还搞了一个宴席来展示成果。这次宴席的收尾之作就是这道会弄出很大动静的三鲜锅巴。当时这道菜一浇完汁，顿时热气腾腾，香味四溢，让在座的所有宾客大饱眼福和口福。有人问这道菜叫什么名字，陈果夫知道镇江有“天下第一江山”北固山，还有“天下第一泉”泠泉，就顺嘴把这道菜取名为“天下第一菜”。

现在基本没有哪个餐厅会把三鲜锅巴叫成“天下第一菜”，而且也只有重要的宴席才会当众上演浇汁的精彩瞬间。我多年前见识并品尝过这道奇菜，那种酸甜鲜香的松脆滋味至今仍令我非常怀念。

最近在芒果餐厅吃到了一次三鲜锅巴，味道相当地道，终于解了我多年的相思之苦。

蛙来哒炭烤牛蛙（龙湖天街店）

地址　虎丘区狮山路龙湖狮山天街5楼

电话　0512-66077227

葱烤鲫鱼

葱香浓郁，鱼鲜味美

苏州有句俗话叫“冬鲫夏鲈”，意思是冬天是吃鲫鱼的最好时候，夏天是吃鲈鱼的最佳时节。

在众多的鲫鱼菜里面，我的江南朋友们喜好各异，可是有一道鲫鱼菜大家都喜欢，一提到这道菜他们都会面露馋色，恨不得立刻找家饭店点了尝鲜，这道菜就是葱烤鲫鱼。

葱烤鲫鱼是江浙地区一道非常著名的菜肴。有些外地人可能会以为这道菜是把一条鲫鱼放在火上反复炙烤后做成的，葱是切碎了撒在鱼身上。

可是，葱烤鲫鱼真的不是烤出来的，可以说和人们所想的“烤”这种烹饪方法没有一丁点的关系。这道菜和苏州的熏鱼根本不是“熏”出来的是一个路数。

葱烤鲫鱼里的“烤”，其实是“熇”或“焙”的意思，说白了就是用小火慢慢地收干汤汁，使菜品入味。

做的时候先把鱼腌一下，主要是用酱油和料酒。腌的时间不用太长，三四十分钟即可。

鱼腌好后就可以做了。老苏州人做这道菜时习惯用猪油而不是素油，他们认为猪油做出来的更香更好吃。油热以后把鱼下进锅里，把两面煎黄。鱼煎好以后取出，沥干油，把葱下到锅里炒香。最好用小香葱，洗干净后去掉葱头和葱尾，剩下的部分不用切，直接扔锅里也没问题。等葱在锅里煸出香味后，把煎好的鱼放在上面，加入水，水要没过整条鱼，然后加入酱油和糖。水烧滚了以后加点醋，喷点黄酒，加些味精，开小火焖着。两三个小时以后汤汁基本就收干了，此时鱼的香味儿变得异常浓郁，鱼也变得非常酥软，等放凉了以后就可以装盘了。吃的时候配上香糯的白米饭，那滋味真是做皇帝都不换！

在苏州，如果想尝一尝这道美味的葱烤鲫鱼，一定要去虎丘区狮山路上的蛙来哒炭烤牛蛙饭店。这里的葱烤鲫鱼味道很特别，吃起来很紧实，葱、姜的辛味渗入鱼肉之中，浓郁而不散，作为一道开胃的凉菜，算得上是极品了。

细细品味着葱烤鲫鱼酥软浓郁的味道，一颗在水泥森林里麻木已久的心也被这触动味蕾的美食彻底唤醒了。我不由得想要感谢这天赐的美食，正是这浓烈的美味让时间的流逝也变得如此生动。

本图书由北京出版集团有限责任公司依据与京版梅尔杜蒙（北京）文化传媒有限公司协议授权出版。

This book is published by Beijing Publishing Group Co. Ltd. (BPG) under the arrangement with BPG MAIRDUMONT Media Ltd. (BPG MD).

京版梅尔杜蒙（北京）文化传媒有限公司是由中方出版单位北京出版集团有限责任公司与德方出版单位梅尔杜蒙国际控股有限公司共同设立的中外合资公司。公司致力于成为最好的旅游内容提供者，在中国市场开展了图书出版、数字信息服务和线下服务三大业务。

BPG MD is a joint venture established by Chinese publisher BPG and German publisher MAIRDUMONT GmbH & Co. KG. The company aims to be the best travel content provider in China and creates book publications, digital information and offline services for the Chinese market.

北京出版集团有限责任公司是北京市属最大的综合性出版机构，前身为 1948 年成立的北平大众书店。经过数十年的发展，北京出版集团现已发展成为拥有多家专业出版社、杂志社和十余家子公司的大型国有文化企业。

Beijing Publishing Group Co. Ltd. is the largest municipal publishing house in Beijing, established in 1948, formerly known as Beijing Public Bookstore. After decades of development, BPG now owns a number of book and magazine publishing houses and holds more than 10 subsidiaries of state-owned cultural enterprises.

德国梅尔杜蒙国际控股有限公司成立于 1948 年，致力于旅游信息服务业。这一家族式出版企业始终坚持关注新世界及文化的发现和探索。作为欧洲旅游信息服务的市场领导者，梅尔杜蒙公司提供丰富的旅游指南、地图、旅游门户网站、App 应用程序以及其他相关旅游服务；拥有 Marco Polo、DUMONT、 Baedeker 等诸多市场领先的旅游信息品牌。

MAIRDUMONT GmbH & Co. KG was founded in 1948 in Germany with the passion for travelling. Discovering the world and exploring new countries and cultures has since been the focus of the still family owned publishing group. As the market leader in Europe for travel information it offers a large portfolio of travel guides, maps, travel and mobility portals, Apps as well as other touristic services. Its market leading travel information brands include Marco Polo, DUMONT, and Baedeker.